ヤングケアラーの歩き方

家族グレーゾーンの世界を理解する本

大庭美代子 著
加藤雅江 監修

風鳴舎

Contents

ヤングケアラーの歩き方
家族のグレーゾーンの世界を理解する本

旅のストーリー ❸　鎧を着た優等生 …… 44

旅のストーリー ❹　そうだ、学校だ！…… 64

旅のストーリー ⑩ 運命がレモンをくれるなら …… 174

Column

※ 本書で紹介している URL とその HP に記載されている内容は、予告なしに変更となる場合もありますので
　ご注意ください。

家族機能不全
逆引き目次

ヤングケアラーを生む家庭が陥っている家族機能不全。

その家族機能不全がヤングケアラーに与える影響。

それらを「機能不全・影響」として、

1 から 30 までの一覧にしました。

解説はそれぞれの「旅のストーリー」をご覧ください。

機能不全・影響	機能不全・影響	機能不全・影響
9	**10**	**11**
関係性の **貧困**	精神的**虐待**	身体的**虐待**
旅のストーリー ❸	旅のストーリー ❸	旅のストーリー ❸
⇨P.56	⇨P.56	⇨P.56

機能不全・影響	機能不全・影響	機能不全・影響
15	**19**	**21**
社会から **孤立**する	家庭が常に **緊張状態** （安心できない）	社会の **無理解** （自己責任論）
旅のストーリー ❸	旅のストーリー ❹	旅のストーリー ❺
⇨P.57	⇨P.78	⇨P.97

機能不全・影響	機能不全・影響	機能不全・影響
26	**27**	**28**
経済的な **貧困**	困りごとが **外から** 見えにくい	経験の **欠如**
旅のストーリー ❽	旅のストーリー ❽	旅のストーリー ❾
⇨P.149	⇨P.149	⇨P.167

はじめに
～本書の読み方・使い方～

　私は今、フリーの助産師として仕事をするかたわら、地域でさまざまな子育て支援活動を行い充実した日々を送っています。

　もともと子どもが大好きだったことや、子ども達の健全育成に関わるような仕事がしたいという目標を持っていたこともあり、子育て支援に関わる仕事ができていることは幸せなことです。

　しかし、決して順風満帆な生き方をしてきた訳ではありません。家庭環境が原因で差別されたり、偏見の目で見られたりすることもありました。周囲の無理解から、将来の目標を見失い、生きる希望を見出せなくなるなど、生きづらさを感じることもありました。その頃にはそういった言葉はありませんでしたが、つまり、今でいう「ヤングケアラー」でした。

　生きづらさから脱却できたのは、人との出会いがあり、その出会いに導かれながら、最終的に自分が自分らしくいられる居場所が見つけられたからだと思います。

　苦しい家庭環境で育つ中でも学校という居場所があったこと、出会った大人達がさまざまな社会資源につないでくれたこと、そんな経験から、世の中には困った時には助けてくれる人がいる、という「社会への信頼感」を持ちながら育つことができました。

　だからこそ、過去の自分のように苦しんでいる子ども達が「社会への信頼感」を持ち、自分なりの居場所を見つけて将来に希望が見出せるような社会にしていきたい、そんな機会や居場所を作ることが恩送りだと思って生きてきました。

本書では「ヤングケアラー」について書いていますが、この「ヤングケアラー」という言葉を聞いた時、私自身、自分が過去に「ヤングケアラーだった」とは、まったく思っていませんでした。幼少期から母親代わりとなって妹達のお世話をすることもありましたが、上の子が弟妹のお世話をすることはよくあることで、特別なことではないと思っていましたし、家族の中に介護が必要な（目に見える）病気やケガをしている人がいなかったからです。

　今回、9人の方にインタビューをさせていただきましたが、同様に、ご自身がヤングケアラーだったと意識していた方は多くはありません。そして、今だから言えることとし、当時はその苦しさを自分でも意識できていなかった、苦しいと思っても誰にも言えなかった、誰かに言っていいと思っていなかった、という方がほとんどです。

　それだけヤングケアラーは、自分自身のことを誰かに語ったり、誰かに救いを求めたりすることが難しい、ということがわかります。

　しかし、ヤングケアラーかヤングケアラーではないか、どこからがヤングケアラーでどこからはヤングケアラーではない、などと人を分類することは、あまり意味がないことだと思っています。

　例え苦しい環境にいても、出会った人や置かれた環境によっては、そこから脱却して、少しでも幸せな人生を送ることができるのではないか、そんなチャンスが作れるのではないか。

　この本を手に取った方々が、少しでもご自分の置かれている環境を理解して、一度きりしかない人生、まずは自分が幸せになることを考えてもいいと感じ、そのためにはどういう方法があるのかを考えるヒントにしてもらえたらいいなと思っています。

　私はヤングケアラーについての専門家でも研究者でもなく、一人

の元当事者です。お読みいただいた方にとって、本書のすべてが当てはまるものでもないと思っています。また、似たような環境に置かれていても、似たような経験をしても、感じ方は人それぞれであることは当然であるとも思います。

　本書は実際にヤングケアラー当事者だった9名の方から聞き書きして作った本です。彼ら彼女達の人生を旅にたとえ、「旅人の日常」、「旅人のエピソード」という項目でまとめています。実際にあったストーリーですが、本人が特定されないよう編集を加えています。

　10のテーマを扱っており、テーマごとに、なぜそうなるのか、の理由を説明しています。また、本書は、機能不全家族＊のストーリーを扱いますので、家族機能がどう不全であるのかを、行動、精神面、コミュニケーション、環境面の４つの切り口で解説しています。巻頭にはその機能ごとに逆引きして読むことができる逆引き目次をつけていますので、家族機能がどう不全であるのか、という視点からお読みいただくこともできます。

　また、子ども達のことを知りたい、力になりたいと思っていただける大人の方には、「周りの大人にできること」の項目をぜひお読みいただければと思います。

　本書の内容は、あくまで作者の主観であり、必ずしも学術的に定義されたものではありません。生きやすさを得ていただくための参考としてお使いいただけましたら幸いに思います。また、子ども達とつながってくれる大人が一人でも増えることを願っております。

大庭　美代子

＊機能不全家族：主に親から子どもへのネグレクト（育児放棄）や時には虐待、子どもに対する過剰な期待などさまざまな要因が家庭内にありストレス状態が常に続いている家族のこと。子育てや生活などの家庭の機能がうまくいっていない家族。

旅のストーリー❶

嘘つきまくりの
正義の騎士

嘘で世界を守りたい

私の朝は早い
毎朝5時に起きて
おばあちゃんのお昼ご飯作り

弟を起こして
着替えさせ
おばあちゃんと皆で
朝ご飯を食べる

真牛乳

洗濯機をまわして
弟を送り出し
私も着替えて

いってきまーす

ちょっと
アンタ
どこ行くん

急いで
家を出る

オムツ汚れた
まま一日過ごせ
言うんか？

お母さんは仕事で大変だから
家の事は私がしっかりしなきゃ

田口さん
また遅刻？

……
すみません
寝坊しちゃって…

よっ
眠り姫っ

嘘つきまくりの正義の騎士

　ヤングケアラーは、いつも自分以外の家族のことを心配しているため、例え自分自身が困難な状況に陥っていたとしても気付くことはできないし、気付いたとしても自分の抱えた困難さを言葉にすることが難しい。家庭という枠を超えて、周りの人に助けを求めてもいい、と思っていないこともある。

　家族のことが周りに知られたらどうなってしまうのだろう？という恐れを感じ、何も困っていないように振舞ったり、そう振舞いたいということもあるのではないだろうか。

　家族の日常を守るために嘘をつくということもある。
　子どもが嘘をつくには理由がある。

「嘘をつく子」つまり「困った子」は、嘘の裏に困りごとが隠れている「困っている子」かもしれない。
　そして、「困っている子」がいるということは、「困っている家族」がいるということだ。

旅人の日常

 幼少期、両親は、ラーメン屋を営んでいました。

　飲食店を営んでいた親戚の薦めで修行をし、父は脱サラをして母と二人でお店を立ち上げたそうです。味には定評があり、繁華街に店を構え、それなりに賑わっていました。

　お店が繁盛するようになると、もともとお酒が好きで、飲み始めるとストップがきかない父は、お店の常連さんと毎日のように飲み歩くようになり、次第に仕事をしなくなりました。

　必然的に、お店は母が一人で切り盛りをするようになりました。

　繁華街ということもあり、お酒を飲んだ後の〆でラーメンを食べにくる人が多かったことから、営業時間は夕方から朝方まで。

　母は朝方仕事が終わってから睡眠をとり、お昼頃に起きてきてまた夕方からの仕込みをするというような生活をしていました。

　父は、母が寝ている頃を見計らって家に戻ってきては、売り上げが保管してあるタンスの引き出しから、前日の売り上げをごっそり抜き取って、また飲みに出かける、ということをしていました。

　幼いながら、母が休む暇もなく働いていたことを知っていたし、それで稼いだ大事な売り上げを父が持っていくことが耐えられなくて、父がお金を取りに戻ってくると、それを何とか阻止しようと、タンスの前に立ちはだかるのですが、子どもの私はあえなく突き飛ばされてばかり。

　大切な売り上げを守ることができなかった、母のために自分には何もできなかった、と無力感を感じていました。

旅人のエピソード

 　家計を支えるために働き詰めの母。寝ている時は、少しでも寝かせてあげたいと思っていました。そして、父が働かずに飲み歩いていることや、その代わりに働いている母が昼間寝ていることは、あくまで家庭内で起きていることで、周りの人には関係がないこと、人に話すことでもないし、そのことで周りの人に迷惑をかけてはいけないという思いを感じながら毎日を過ごしていました。

　幼稚園に通っていた頃のことです。

　ある日、他の園児は全員親が迎えに来て退園してしまったのに、私だけ誰もお迎えに来なくて、一人居残りとなっていました。

　先生は家に電話をいれてみたけれど、誰も電話に出ないので、園を閉めることができずに困っているような顔をしていました。

　先生には迷惑をかけられない、でも、きっと母は寝ているので、これ以上家に連絡をされて母を起こしたくもない、迎えには来れないだろう、と思った私は、ある作戦を咄嗟に思いつきます。

　昇降口に座っていると女性が一人で歩いて通り過ぎるのが見えたので、「先生、お母さんが迎えに来た」と嘘をついて、一人で園を飛び出し、先生方から見えなくなるところまで、その知らない女性の後をつかず離れずの距離でついていきました。

　先生方にも迷惑をかけないように、嘘をついたことが悟られないように。母を起こさなくてすむようにと考えた苦肉の策でした。これで誰にも迷惑をかけない、とほっとしたのを覚えています。

　しかし、当時は自覚できていませんでしたが、一人で帰ったことは、今思えば寂しかったと思います。

5

旅人の日常

 　両親は離婚していて、私は母と一緒に、母の実家で暮らしていました。祖母も離婚していたので、祖母、母、私の3人暮らし。

　母は仕事が忙しく、家にいないことも多かったので、祖母と2人で過ごすことが多かったのですが、祖母は家事をしてくれず、休みの日も食事を作ってくれなかったので、お腹がすくとお菓子を食べたり、カップラーメンを食べたりしていました。

旅人のエピソード

 　学校が休みの日は、朝早くから友達の家に遊びに行っていました。お昼ご飯の時間になると、「家にいったん帰って、お昼ご飯を食べてからまたおいで」と言われるのですが、うちに帰ってもお昼ご飯は準備されていないので「お腹すいてないから食べなくてもいい」と嘘をついていました。うちに帰ってもご飯がないとも言いたくないし、家に帰るのも何となく嫌だったからです。

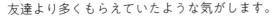

旅人の日常

　両親は共働きでした。欲しいもの
は買ってもらえたし、お小遣いも、
友達より多くもらえていたような気がします。

　両親は、仕事帰りや休みの日に2人でパチンコに行くことが多
く、両親がいない間、僕は弟と一緒に留守番をしていました。

　テーブルの上にはお金が置いてあって、両親が帰ってくるまで
にお腹がすいたらコンビニで何か好きなものを買って食べる、と
いうこともありました。

旅人のエピソード

　両親の帰りが遅かったので、よく
弟と2人で遊んでいました。

　外で遊んでいると、近所の人から「もう遅いよ、暗くなったの
にお家に帰らないの?」と声をかけられることもありました。で
も、いつも、「まだ大丈夫」と答えていました。

　あるとき「お母さんは今日、何しているの?」って聞かれたの
で、「家にいるけど、具合が悪いから寝てる」と嘘をつきました。

　もう暗かったので、何となく、お母さんがこの時間に家にいな
いということを人に言っちゃいけないような気持ちになっていま
した。

旅人の日常

　父はある日を境に、家に帰ってこなくなりました。

　後で聞いた話ですが、お酒の席で借金の保証人になり、お金を借りた本人が借金を残したまま逃げてしまったため、保証人である父親が肩代わりをする羽目になったそうです。

　借金の取り立てから逃げるために父親は蒸発をしてしまったようで、残された母親がその借金を代わりに返済することになってしまいました。

　経営していたラーメン屋の権利を売ることで、借金の一部に充て、ラーメン屋をたたんでからは、母はパートをいくつもかけもちし、残りの借金を返済しながら生活を切り盛りしていました。

　昼夜休みなく働いても生活は苦しく、１万円、２万円の家電製品を買うにも、一括では買うことができず、１０００円ずつ、２０００円ずつというような分割払いをしていました。

旅人のエピソード①

　クリスマスが近付くと、学校では「サンタさんに何を頼む？」という話題になるので、クリスマスがあまり好きではありませんでした。

　サンタさんは必ず来るものでもないし、必ずしも欲しいものがもらえる訳ではない、ということが経験でわかっていたからです。

　ある時、朝起きると、お菓子の入った赤い靴が枕元に置いてありました。それはそれは、ものすごく嬉しくてたまりませんでした。

　翌年も、枕元に靴下を準備して、ワクワクしながら朝を迎えたのですが、残念ながらその年はサンタさんが来てくれませんでした。プレゼントは毎年もらえるという訳でもないんだなと、あの時の寂しい気持ちは今でも覚えています。

　よく、いい子にしていたらサンタさんが来るなんて聞くけれど、それは嘘だ、とも思っていました。クリスマスの翌日に、友達に「サンタさんから何をもらった？」と聞かれると、笑いながら「内緒〜」と適当に返して、プレゼントがなかったことを隠すために嘘をついていました。

　ある時、母がミシンでレッスンバッグを縫っていることがありました。それがクリスマスプレゼントとは言いませんでしたが、その年のクリスマスの朝起きると、枕元にそのレッスンバッグが置いてありました。その時初めて、サンタさんは母だった、ということがわかりました。

　忙しい毎日、時間がない中で手作りをしてくれたバッグです。リクエストしたプレゼントではなかったけれど、そんな母が手作りしてくれたレッスンバッグは、とても大切な宝物でした。

旅人のエピソード②

　中学3年生になると、周りの友達はほとんどの人が受験のため、塾に通い始めていました。勉強も難しくなってついていけなくなっていたし、私も塾に行ってみたいと思い、友達から塾の無料体験があると聞いて、参加してみました。塾での授業はとても難しかったけれど、この授業についていけたらきっと成績が上がるだろうな、と期待と興味がわきました。

ただ、帰るときにもらった資料を見てみると、塾代が思っていた以上に高いことがわかりました。こんな高い授業料、絶対にうちには払えないだろうな、と思ったので、家に帰るなり「体験にいってみたけど、どんな方法で勉強しているか大体わかったから、もう行かなくても大丈夫。自分で勉強すればいいから」と母に嘘をついて、結局塾には通いませんでした。

　母はその言葉を信じて「あなたがそういうなら、大丈夫よね」と言ったのですが、本音は塾に行けたらよかったなとも思ったし、友達は普通に塾に行けて羨ましい、という気持ちがなかった訳ではありません。

 つぶやき

ヤングケアラーの数
・中学2年生 約17人に1人　　5.7%
・高校2年生 約24人に1人　　4.1%
ヤングケアラーの実態に関する研究報告書(株式会社日本総合研究所のウェブサイトより)

　令和2年度に行われた全国調査では、世話をしている家族が「いる」と回答したのは、中学2年生5.7%、全日制高校2年生4.1%であるという実態が明らかになった。しかし、その中で自分がヤングケアラーであると思っている生徒は果たしてどれぐらいいるのだろうか…。

旅人の日常

　祖母は物をため込むクセがあり、とにかく家の中がぐちゃぐちゃで、ゴミ屋敷のような感じで物が沢山溢れていました。お母さんは忙しく、そんな状態を見て見ぬふりをしていました。

旅人のエピソード

 学校では仲の良い友達もいたので、楽しく過ごしていました。

中には友達の家を行き来したり、泊まったりしている子もいましたが、うちはいつも散らかっていて、とても人を呼べるような状況になかったので「今度行っていい?」と聞かれても、「今度、お母さんがいる時にね」とごまかしていました。

「今度」と嘘をついてごまかしてしまうことは気持ちがいいものではなかったですが、友達を呼べない、ということを断言してしまうと、友達をなくしてしまいそうで怖くて言えませんでした。

旅人の日常

 我が家は、バブル崩壊の影響を受けた家庭です。

幼少期はそんなに貧しいと感じることはなく育ちましたが、バブルとともに父の事業が失敗し、多額の借金から逃げるようにして、短期間での引っ越しや転校を繰り返しました。

当時、親からはろくに事情の説明もなく、急に今週末引っ越すからと言われたりすることもあって、子どもだった私には、急な引っ越しの理由がまったく理解できませんでした。

そして生活はみるみる苦しくなっていき、それまで専業主婦だった母親も急に外に働きに出なくてはいけなくなり、朝早くから夜遅くまで働くようになりました。そんな矢先、父が病に倒れてしまい、家族はその看病まで背負うことに。

家族全員が、新しい環境に馴染むのに大変な中、父親の看護も入ってきて、家族が皆大変だったのだと思います。
　母親に愚痴をこぼしたり、甘えたりしたいと思うときもありましたが、ほとんど家にいない母親にはゆっくり話をきいてもらえることはありませんでした。

旅人のエピソード

　中学時代にはストレスが溜まって、母親に反抗することも増え、反抗すると暴力を振るわれるという家庭内暴力状態が続きました。
　家庭内暴力でできた顔面や体の痣を、翌日に友人から「ソレどうしたの？」と聞かれることがありました。「階段から転んじゃって」とか「飼い犬に噛まれて」などと嘘を言っていました。母親と喧嘩して、なんて本当のことは誰にも言えませんでした。

旅人の日常

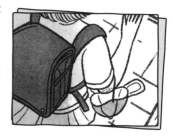

　父親は普通のサラリーマンで、仕事はしていましたが、ギャンブルが好きで、ギャンブルで散財してしまうので、母親は内職をして家計を支えていました。家計は苦しかったと思います。

旅人のエピソード

 　小学生の頃、父が私の貯金箱からこっそりお金を持ち出していることに気付きました。

　ギャンブルに使おうとしていることも何となくわかっていましたが、それを母に言うとがっかりするだろうという気持ちと、父が持ち出したお金を母は私に返却しようとするだろうと考えて、母にはそのことを言えずに隠していました。

嘘をつく理由

　家族が抱える問題は、家族と過ごす時間が１日の大半を占めている子どもの精神状態に大きな影響を与える。

　子どもは大人が想像している以上に、家庭内で起きていることを受け止め、感じ、自分なりに家族の一員として何かできることがないかを考えて対処しようとする。

　子どもは生きている世界が狭いので、たとえ家庭内で大変な状況におかれていたとしても、その世界の中で生きるしか方法がなく、その状況に適応して生きようとしている。

　また、幼い頃は他の家族がどうであるのかを知ることもなく、自分の家族に起きていることが普通のことだと思っている部分もあるが、成長し、交友関係が広がって、周りの家庭はどうなのか？ ということを知るようになると、他の家族と比べて自分の家族は…という劣等感や絶望感を感じてしまうこともある。

　しかし、家族の問題は基本的には家族で解決するという根強い社会の風潮もあり、自己責任という見方をする人も多いため、家族の問題が外に見えてしまうと、周囲から偏見の目で見られてしまうのではないかという思いもあり、家族の中の問題が外には見えないように、見せないように、隠すことが多いように思う。

　家族はこうあるべき、（母）親はこうあるべきというような偏見（スティグマ）を、子どもも無意識のうちに感じている。

　機能不全家族の中で生きていく上で、周りに迷惑をかけられないという想いや、寂しい、悲しい、羨ましいといったいろいろな感情を持つ。そしてそれらを隠すために嘘をつくことがある。

　そうありたい、という願望が、嘘という形で表現されることもある。

　子どもが嘘をつくとき、その裏には、もしかしたら何か困りごとが隠れているかもしれない。

家族の機能不全とその影響

〜ヤングケアラーを生む家族が陥っている機能不全と、そのことが
ヤングケアラーに与える影響には、次のようなものがあります〜

機能不全・影響 ❶ 欲求不満を抱えている

　家族にケアが必要な人がいることで、仕事が思うようにできないこと
がある。または仕事をしていてもケアにお金がかかるため、経済的な貧
困に陥ることが多い。家計が苦しいことで欲しいものが手に入らなかっ
たり、やりたいことをやれなかったりする。

　欲しいものや必要なものを買ってもらいたいとも、してほしいことを
してほしいとも親には言いづらく、我慢をしたり欲求不満を抱えていた
りすることが多くなる。

機能不全・影響 ❷ 嘘をつくようになる

　家族が抱えている困りごとや、家族が置かれている状況を周りの人に
悟られないようにしようとする。例え家族であっても、自分が困ってい
るとういうことを悟られないように、嘘で本音を隠すこともある。困っ
ている子どもは、嘘をつくことがあるが、子どもがつく嘘には理由があ
り、家族を守るためだったり、周りを心配させないためだったりする。

機能不全・影響 ❸ 感情が麻痺する

　あまりにも辛いこと、悲しいことを経験すると、自分の精神状態を保
つために、記憶から消そうとする。感情を麻痺させる。悲しいことを悲
しいと思わないように、自分の感情を押し殺すようになる。シリアスな

場面でも笑ってごまかしてしまうことがある。

機能不全・影響 ❹ 子どもらしさを失う

　子どもながらに親のことを心配したり、常に自分のことより家族のことを考えるようになることで、周りを注意深く見たり、周囲の動向を気にしたりと周りに気を使っていることが多い。子どもらしく、自由気ままに思うままに振舞うということができなくなる。

機能不全・影響 ⓬-1 感じたことを素直に話せない

　自分が抱えている困りごとについては家族の中で起きていることで、周りの人には言えないし、言ってもわかってもらえないという気持ちを抱えている。そのため、自分の感情を外に出せず、嘘をついたり、愛想笑いをしたりしてごまかしてしまうことが多い。自分が感じていることや、本音を素直に言うことによって、家族が悲しんだり、家族を傷つけたり、また自分が誰かに傷つけられたりすることを恐れ、本当の気持ちを素直に話せなくなる。

旅のガイド

🧭 ヤングケアラーについて知る

　そもそもヤングケアラーは、自分がそうであると気付いていないことが多いのではないでしょうか。私自身も、自分がヤングケアラーだったと知ったのはつい最近のことです。ヤングケアラーという言葉が広く知られることで、もしかしたら自分も？ と気付ける人が増えるかもしれません。ヤングケアラーとはどういう人のことをいうのか、自分の置かれている状況やヤングケアラーの特徴を理解することが、将来幸せに生きていくための大切なヒントになる人もいるかもしれません。

「ヤングケアラー」とは、本来大人が担うと想定されている家事や家族の世話などを日常的に行っている子どものこと。
　責任や負担の重さにより、学業や友人関係などに影響が出てしまうことがあると、あります（厚生労働省 HP より）。

　ここで大事なのは、「本来大人が担うと想定されていること」を大人の代わりに（または一緒に）子どもが担っている、ということ。
　大人ですら抱えきれないことを子どもが担うのですから、子どもにとっては、とても大きな課題で、うまく対処できなくて当然なのです。
　うまくできないからといって、無力感を感じる必要はありません。

　また、いつも我慢している、いつも自分の感情を押し殺している、そんな自分の性質について知る、そんな自分のことを意識することも大切です。
　大人になって社会で生きるようになれば、自分の感情を抑えて折り合いをつけるという場面は多々あるかもしれませんが、本音と本音のぶつ

かり合いができるというのは、子ども時代の特徴でもあり、子どもの頃しかできないことでもあります。

　本来、子どもは自分の感情に正直であっていいはずです。自分の感情を優先してもいい、本当の気持ちを伝えてもいい、自分の気持ちを大事にしていい、大事にされる権利があります。

　それを知ってほしいと思います。

「子どもの権利条約」の中に、このような文言があります。

子どもの意見の尊重（意見を表明し参加できること）
子どもは自分に関係のある事柄について自由に意見を表すことができ、おとなはその意見を子どもの発達に応じて十分に考慮します。

　旅のガイドのまず一歩は、ヤングケアラーについて知ることから。
　厚生労働省のホームページに、「ヤングケアラー特設サイト」があります。ぜひ、こちらも参考にしてみてください。

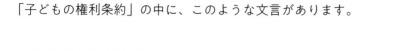

ヤングケアラー　特設サイト
🌐 https://www.mhlw.go.jp/stf/young-carer.html

自分の気持ちを大事にする

　ヤングケアラーは、自分のことより家族優先。
　自分の気持ちを後回しにして、家族の気持ちを優先しがちです。でも、あなた自身も大切な存在。もっと自分本位になって良いと思います。

あなたは、何が好きですか？
あなたは、誰といる時が、心地いいですか？
あなたは、どこにいる時が、落ち着きますか？
どんな瞬間が楽しいと感じますか？

　そんな自分を大事にする瞬間、自分が心地よいと思える時間を積極的に作ってください。

　誰しも幸せになる権利があり、それはあなた自身にもいえること。
　誰かが犠牲になって誰かが幸せになるというのは違います。家族のためにあなたが犠牲になる必要はありません。あなたはあなた自身の幸せを一番に追求する権利があるのです。

「子どもの権利条約」からの抜粋ですが以下の文言があります。

生命、生存及び発達に対する権利（命を守られ成長できること）
すべての子どもの命が守られ、もって生まれた能力を十分に伸ばして成長できるよう、医療、教育、生活への支援などを受けることが保障されます。

　一人一人が奇跡の存在で、大切な命だからこそ、自分の気持ちをまずは大事にしてほしいと切に思っています。それでいいんだよ、と自分で意識してみてほしいです。
　まさにヤングケアラーだった自分が幼いころにかけてほしかった言葉を、今の子ども達にかけてあげたく思います。

周りの大人にできること

◎ ヤングケアラーについて知る

　ヤングケアラーの支援をしたいと思ったとき、まず最初に必要なことは、やはり、ヤングケアラーについて知る、ということです。

　なぜ、ヤングケアラーが生み出されてしまうのか
　ヤングケアラーは、家庭の中でどんな暮らしをしているのか
　ヤングケアラーは、日々どんな心境で家族と向き合っているのか
　ヤングケアラーから見える社会は、どのような社会なのか
　すべてを知ることはできませんし、家族の形態も抱えているケアも千差万別で、一概には言えません。
　しかし、勉強することで、知識を身につけることで、想像を膨らませる、ということはできるのではないでしょうか？

　厚生労働省のホームページには、このような文言がありました。

> **厚生労働省のホームページ**
> ⊕ https://www.mhlw.go.jp/young-carer/

> 「子どもが家事や家族の世話をすることは、ごく普通のことだと思われるかもしれません。でも、ヤングケアラーは、本当なら享受できたはずの、勉強に励む時間、部活に打ち込む時間、将来に思いを巡らせる時間、友人との他愛ない時間…
> これらの「子どもとしての時間」と引き換えに、家事や家族の世

> 話をしていることがあります。まわりの人が気付き、声をかけ、手を差し伸べることで、ヤングケアラーが「自分は一人じゃない」「誰かに頼ってもいいんだ」と思える、「子どもが子どもでいられる街」を、みんなでつくっていきませんか」

とあります。

　私は居場所作りを中心にさまざまな地域活動を行ったり、自分の経験談を元にしたお話会を開催したりしています。その理由は、ヤングケアラーについて知っている人を一人でも多く作りたい、そして「子どもが子どもでいられる社会」をみんなで作りたい、「どんな環境に生まれたとしても、子ども達が心身共に、健康で幸せに生きていける社会を作りたい」、そんな目標があるからに他なりません。

　本書に登場するエピソードは、ほんの一例かもしれませんがヤングケアラーについて知り、ヤングケアラーについて想像し、大人の自分達には今何ができるのかについて、一緒に考えていける仲間が一人でも増えることを願っています。

🧭 偏見（スティグマ）を無くす

「困った子は困っている子」という言葉があります。

　子どもが嘘をついたり、学校を休みがちになったり、大事な要件をすっぽかしたり、遅刻したり、そんな子どもの姿を見たとき、困った行動をする子どもだな、大変な子どもだな、と感じることがあるかもしれません。

　しかし、子どもの困った行動には、必ず何か理由があります。周りの人には言えない、言いづらいような、困りごと、悩み、苦しみを抱えていて、その結果が行動に表れているだけかもしれません。

　困った行動を取り、関わるのが難しいと思う子どもほど、本当は大人

がもっと関わりを持つことが必要な子どもなのだと思います。

　私自身もそうでしたが、家庭環境が複雑で、周りから見ても「あそこの家は…」と問題視されてしまうような状況にある場合、「大変な家の子だから…」という偏見の目で見られることも多く、そのような社会の厳しい目を肌で感じれば感じるほど、困っていても誰にもいえない、わかってもらえないというような孤独を感じます。

　まずは大人から見て、困ったなと思う行動が子どもにみられたり、関わりづらいなと思うような行動が見られたりした場合、この子は何か困っていないかな？　何か抱えていないかな？　という目線でとらえていただけたらと思います。

監修者からのメッセージ

　ヤングケアラーである子ども達自身が困りごとを抱えていることに気付き、声を上げ、支援につながることと、周りが勝手に子ども達にヤングケアラーのラベルを貼って支援をすることはまったく意味が異なります。

　なぜ、子ども達が気付きにくいのか、子ども達自身が声を上げにくいのかをこの本を通して考えてみていただけたらと思います。そして、子ども達が声を上げにくいのであれば、自分の困りごとは隠す必要がないのだと思えるような環境を作ることが、大人にまずできることだと思います。

　まずは、知ってください。知らないということをわかっていただきたいのです。

　わかったふり、見えているふりをして、良かれと思ってすることは時にヤングケアラーといわれる子ども達を傷つけます。

　彼らとつきあっていて、自分の当たり前、自分の価値観、それらすべてのことが意味のない、時に邪魔なものになることがあることに気が付きました。見ようとしなければ見えてこないもの、知ろうとしなければ知ることができないことがあります。一緒に探していくことができる仲間になっていただきたいのです。

　子ども達は自分が大事にされた経験がないと、人を信頼することや頼ることができません。逆に言えば、自分を受け入れてもらえたという感覚を持ち、人に頼ることができれば、生きづらさを感じずにすむように思います。子ども達にこのような体験をしてもらえるような大人が一人でも増えることを願っています。

加藤　雅江（杏林大学教授）

旅のストーリー❷

リトル
ガードマン

家族を守るのが自分の役割。
今日も任務をまっとうする

リトルガードマン

　家族の中で、大人が子どもを守るという機能が果たせない場合、本来は大人から保護されるはずの子どもが、大人の代わりに家族の見守りをする状態が生まれる。

　子どもは、例え無理に押しつけられたことではなかったとしても、それが自分の役割だと感じるようになる。

　家族からはケアをすることが当然とされ、労わってもらえないこともある一方、家族以外からは家族の世話をする良い子と、美徳のように扱われることもあり、周りから褒められることで、余計に期待に応えようとしてしまうこともあるかもしれない。

　しかし、大人の代わりに知識や経験の乏しい子どもが家族のケアを担うことは、プレッシャーにもなり、子どもだけの世界で事件や事故に見舞われることも少なくない。

　そして、その役割をうまく果たせないと感じる時、自分を責めたり罪悪感を持ったりすることもある。本当は自分も守られるべき存在なのに。

旅人の日常

　父親は、お店の常連さんと毎日のように飲み歩いていて、仕事はせず、家にはお金を取りに帰ってくるだけの毎日。

　その分、母親は一人でラーメン屋を切り盛りするために、休みなく毎日朝方まで働いていました。朝方まで働いていたので日中は寝ていることが多く、私は就学前から、幼い妹達のお世話や見守りをしていました。

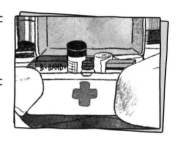

旅人のエピソード①

　ある日、お店の玄関先で遊んでいると、知らない男の人が妹に近付いてきました。「お菓子をあげるよ」という声が聞こえて、ふと気が付くと、妹はその人と手をつないでどこかに行こうとしていました。

　私は咄嗟に「誘拐される」と、とても怖くなりました。急いで妹のところに走り寄って、その人の手を振りほどき、妹の手を引いてお店の中に逃げ込みました。

　引き戸を閉めて、戸があかないようにレールに椅子を置き、椅子の上に妹達を重しにするように座らせてロックをかけました。

　その人がお店に近寄ってくる様子がガラス越しに見えて、ここでドアを開けられたら連れていかれる、殺されるかもしれない、と心臓がバクバクしていました。その後、その人は途中で引き返していったので、ほっと胸をなでおろしました。

その時間はとても長く感じ、生きた心地がしませんでした。6歳頃の話ですが、今でもその光景は記憶に残っています。

その後も姉妹で一緒に遊びに出かけては、妹がいなくなったり迷子になったりすることが度々ありました。警察から母親に連絡があり、母親は仕事を抜け出して妹を探していました。そのことで母親から責められることはありませんでしたが、そんなことがある度に、「どうしてちゃんと見ていなかったのか」と、自分を責めていました。

旅人のエピソード②

いつものように、子どもだけで留守番をしていたある日。

外は大雨で、雷が鳴り響いていました。私は雷が光るのを見るのが怖かったので、カーテンを閉めて、なるべく光が部屋の中に入ってこないようにしていました。

妹達は雷を怖がって泣いています。できるだけ心配させないように「大丈夫だよ。大丈夫だよ」といいながら、妹達に布団をかぶせて、布団の裾を周りから抑えるようにして、雷の光が入らないように、音ができる限り聞こえないようにしてあげました。

私自身も本当はとても怖かったけれど、怖がる妹達を見て自分が怖いとはいえず、ひたすら2人をなぐさめることに徹していました。

旅人の日常

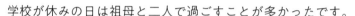

 　母と祖母と3人で暮らしていましたが、母は週末も仕事があったので、学校が休みの日は祖母と二人で過ごすことが多かったです。

　祖母はふらふらと、何も言わずに突然家を出ていくことがあり、よく母に、「おばあちゃんを見ていてね」と言われていました。どうしてそう言われたのか理由は聞いていませんが、今思えば、認知症などの病気を抱えていたのかもしれません。

旅人のエピソード

 　ある日、気付くと家にいたはずの祖母がいなくなってしまい、なかなか帰ってこなかったので、祖母がいないことを母に電話で伝えました。

　「近所を探してみて」と言われてあわてて探しに行きましたが、自分の力では見つけられませんでした。

　結局近所の人の目撃情報が入り、母が迎えに行き、その日は家に一緒に帰ることができました。それ以来、家にいる時は祖母が勝手に出ていかないように、出ていく時はわかるように、できる限り同じ部屋で過ごすようにしていました。

旅人の日常

　弟と二人で同じ保育園に通っていた頃は、両親のどちらかがお迎えに来てくれていました。でも僕が小学生にあがると、時々「今日は遅くなるから」と弟のお迎えを頼まれるようになりました。
　保育園にお迎えに行くと知っている先生がいて「お迎えに来てえらいね〜」と褒められて嬉しかったのを覚えています。

旅人のエピソード

　弟を迎えに行って家に帰っている途中、学校の友達とすれ違いました。
友達は、サッカースクールの帰りのようで、サッカーボールを持っていました。「一緒にやる？」と誘われて、弟を連れているから一瞬迷いましたが、弟が「僕もやりたい」と言ったので、近くの公園に行って、暗くなるまで一緒にサッカーをしました。家に帰ってもまだ両親はどちらも帰っていませんでした。

旅人の日常

 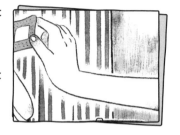

　私には年の離れた兄がいました
が、両親との折り合いが悪く、高校
を卒業するとすぐに家を出て行ってしまいました。
　母親はうつ病を患っていましたが、次第に症状がひどくなっ
ていきました。

旅人のエピソード

　ちょうど高校に通うようになった
頃、母の症状がさらにひどくなって、
家事がまったくできなくなりました。それまでは家事の一部を
担っていましたが、それからは父親を手伝うために家事全般を
担うようになりました。
　何とか高校には通っていましたが、勉強も難しくなって、人
間関係もなかなかうまくいかなくなり、途中でやめてしまいま
した。高校を辞めてからは、家事もあるので、仕事はアルバイ
トをしています。

旅人の日常

　我が家には、病気の祖母が同居し
ていました。

父は病気ですでに他界してしまっていたので、母が仕事をして家計を支えてくれていました。祖母の世話や病院の付き添いなど、家族全員で担っていました。

父が亡くなってからというもの、母はとても寂しそうでした。そんな母の姿を見て、母を支えなくてはいけないと思っていました。

旅人のエピソード

祖母の世話や病院の付き添いだけでなく、家事を担うこともあったので、いつも時間に追われていました。友達の誘いを断ることもありました。友達が高い洋服を買ってもらったと話していて、私にはありえないと感じました。友達のように母に甘えたり、何かをねだったりすることはできませんでした。

旅人の日常

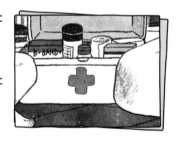

両親は共働きでしたが、父親は家事を何もしない人でした。年が離れている兄弟がいましたが、私は長女だったので、何かと親から頼られて、弟達のおむつを替えたり、お風呂に入れてあげたりというのは、日常的にしていました。

母は仕事もしながら家事育児を全部担っていたので、何も手伝ってくれない父に対する愚痴をいつも吐いていました。そして私は、そんな母の愚痴をいつも聞いていました。母親の愚痴を聞く度に、父に対する怒りも感じながら、私が母親を手伝ってあげないといけないと思っていました。

旅人の日常

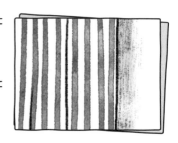

　父親は会社員だったので、お給料
はもらっていたと思うのですが、
ギャンブルでいつもお金がなかったので、母は自宅で内職をし
ていました。母は家事と内職で忙しいこともあって、年の離れ
た妹のお世話は私に任されていました。

旅人のエピソード

　母が自宅で作業をしているので、
妹を連れて公園に遊びに行ったり、
散歩に連れて行ったり、外遊びは私の役割になっていました。
　小学校高学年になると、母に対して「何で離婚しないの？」と、
訴えることもありました。でも、母はそんな私の言葉を笑って
聞いていました。

旅人の日常

　私には弟がいますが、弟は知的障
がいを持っていたので、かなり物事
の理解をすることが難しかったようです。
　しかし、当時通っていた学校には特別支援級というものがな
く近隣の学校も入れる人数が少なかったこともあって、弟は普

通級に進級していました。

旅人のエピソード

 学校では、弟のことを馬鹿にされたりしたこともありました。子どもながらに「子どもって裏表がない感じでいろいろはっきり言うよね」とか、「はいはい、何か言ってるよ、勝手にいえば」という感じでとらえていました。

きっと、周りの同級生に比べて、自分の精神年齢が高かったのだと思います。そして、もし弟が嫌な思いをさせられたら、私が戦ってやる、といつも戦闘態勢で構えていました。

弟は普通級に進級していたのですが、先生方も弟を理解しようとしてくれて、弟のクラスの先生が私のクラスにきて弟の様子を教えてくれたりもしました。私もよく弟のクラスに様子を見に行ったりもしていました。

＝ リトルガードマンが生まれる理由 ＝

　本来であれば、子どもは大人から守られながら、安心安全な環境で成長できることが望ましい。しかし、家族の中に困りごとを抱えていて、地域社会から孤立し、周囲に頼る術を持っていない場合、その困りごとを家庭内で解決せざるを得ず、そのためのケアの担い手として子どもが頼られてしまうことになる。

　意識的、意図的ではなくても、子どももそれを敏感に感じ取り、役割意識を持ち、家族のために自分が何とかしなくてはいけない、自分が責任を担わなくてはいけない、と家族のケアをすることに責任感を持つようになる。

　家族の一員として何らかの役割があること自体は、ある意味、家族という社会を構成する上で必要なことでもあるのだが、その役割が本人にとって抱えきれないようなものであったり、逃げ場のないものであったりすれば、心身の発達にも多大な影響があることは理解する必要がある。

　自分自身が本来守られていいはずの子どもであったとしても、自分よりも小さな弟や妹達を守らなくてはいけなかったり、両親の愚痴の聞き役やストレスのはけ口になっていたり。家族を支えようと日々奮闘する中で、うまく対応できないことがあれば自分を責めたり、できなかったという劣等感を持ったり、無力感から無気力になってしまうこともある。頑張っていることが当たり前、頑張れない自分はダメな人間だと自分を責めてしまうこともあるのではないだろうか。

　家族だから、家族のことが大切だから、自分の力でできることはないかともがき続けている「リトルガードマン」の心の中を知ってほしい。本当は、リトルガードマンだって子ども。誰かに守られるべき、守ってほしい存在なのだから。

家族の機能不全とその影響

～ヤングケアラーを生む家族が陥っている機能不全と、そのことが
ヤングケアラーに与える影響には、次のようなものがあります～

機能不全・影響 ❺　大人の代わりに子どもがケアを担う

　自分自身も大人から見守られていいはずの子どもだが、子どもが子ど
もの見守りをする、子どもが大人の見守りをする、そんなことが日常的
になっている。

機能不全・影響 ❻　事故・事件にあいやすい

　子どもは知識や経験が乏しいため、自分自身の安全を守るための方法
を知らないことが多い。ヤングケアラーの場合、守ってくれるはずの大
人が周りにいないか、いたとしても子どもに目をかけ手をかける余裕が
ない場合も多く、事故や事件にもあいやすくなる。

機能不全・影響 ❼　放任・無関心

　家族にケアが必要な人がいる場合、その人へのケアが家族の関心事や
取り組むべき課題の中心になっている。子ども自身も、そのケアに加わ
ることによって、子どもに対しての見守りが手薄になってしまう。結果、
子どもに対して放任になったり、無関心になったりしてしまう。

機能不全・影響 ⑱　自尊心の欠如

　ヤングケアラーは、家庭の中で、頑張ることが当たり前、手伝うことが当たり前、家族を支えることが当たり前とされ、自分でもそう思っていることが多い。頑張っていても褒められない、認められないこともある。

　何かできないことできなかったことで、自分を責めたり気に病んだりして自尊心の欠如を招くようになる。

|||||||||||||||||||||||||||||||||||||||||||||||||||||||||||||||||||||||||||||||||||

旅のガイド

|||||||||||||||||||||||||||||||||||||||||||||||||||||||||||||||||||||||||||||||||||

◉ヤングケアラーもケアされるべき存在ということを知る

　ヤングケアラーは、家族の世話や家事を幼い頃から任されているので、そうすることが当たり前になっているかもしれません。

　家族が大変だから自分が頑張らなくてはいけないと思っているので、困りごとを、家族にも、家族以外にも、言えずに抱えています。困りごとは、自分が何とか解決しなくてはと、もがいて、頑張って、踏ん張って生きています。

　かつての私もそうでしたが、自分が支えなくてはいけない、家族って支え合うものだから、家族のことは家族で解決するんだ、周りの人に言うことではないと思い込んでいました。

　結果的に、子ども時代に子どもらしくいる時間が持てず、誰かに頼ることができないまま大人になり、大人になってからも、人に頼ることが苦手で、時に沢山のことを抱えすぎてバーンアウトすることもありました。

　家族のこと（誰かのこと）をケアする人を、ケアラーと呼ぶとして、その中でも18歳未満の人のことをヤングケアラーといいますが、ヤングケアラーも、ケアされるべき存在である、という認識から、ヤングケアラーに対する支援、というのも広がってきています。

　しかし、18歳を過ぎたからといって、それまでの役割が無くなる訳でもなく、ケアラーとしての課題を抱え続けることが多いと思います。厚生労働省が示す定義では、以前はヤングケアラーを18歳までとしていましたが、最近では年齢の定義が外されたことにも、年齢に関わらず、ケアラーに対する継続的な支援が必要だということが認識されてきている証拠です。

　この人はヤングケアラーで、この人はヤングケアラーではない。そんな線引きをすることで、ケアされていい人、されなくていい人と区別をすることは本来の目的ではありません。まずは、ヤングケアラーが抱える辛さを知り、そして、ヤングケアラー自身も自分はケアされるべき存在であるということを知ってほしいです。

頑張らない自分もオッケー、自分を自分で認める

　自分が何とかしなくては、自分が頑張らなくてはと思って生きてきた人達は、頑張れてない自分を、ダメな自分だと思いがち。

　うまくいかない時、無気力になったり、鬱っぽくなってしまったりというのもあるように思います。それは、これまで頑張りすぎてきて、張り詰めていた糸がプツリと切れた状態、だと感じます。

　家族のために頑張ること、家族を支えること、が自分の役割としてきたわけですから、それができない自分には価値がない、と感じてしまうこともあるのではないかと思います。でも、果たして、本当にそうでしょうか？

　ヤングケアラーは、家庭で起きていることを、何とか解決しようと、

十分に頑張っているのです。

　小さな身体で、抱えきれないほどのことを抱えているのです。

　どんなに体力があるマラソン選手でも、ずっと同じペースで走り続けることなんて、無理です。ちょっと疲れたら、休憩したり、ペースダウンさせたり、例えば駅伝のように、途中から他の人にたすきを渡してバトンタッチしてみたりします。そんな風に、つらさを誰かに話したり、ちょっと休んだり、抱えていることを少しでも手放したりすることができたなら、またそこで気力・体力を養って、次に歩き出せる自分になるのではないだろうか、と思います。

＿＿＿＿＿＿＿＿＿＿＿＿＿＿＿＿＿＿＿＿＿＿＿＿＿＿

　頑張らない自分もオッケー。
　たまには頑張らないことを、頑張りましょう。
　だって、いつも全力で頑張っているのですから。
　人生には休憩も必要。休みたくなったら休んでもいい。
　そんな風に、休んでいる自分を含めて丸ごと今の自分に合格！
　をあげてほしいと思います。

＿＿＿＿＿＿＿＿＿＿＿＿＿＿＿＿＿＿＿＿＿＿＿＿＿＿

「いつも頑張っているよね」と、まずは自分が自分自身の応援団でいてほしいと思います。

周りの大人にできること

🧭 見守り隊になる

　ヤングケアラーは、大人不在の中で、子どもが子どものお世話（下の子のお世話）をしていたりすることもあり、大人の目が行き届かない状態に陥りがちです。そのため、事件や事故にもあいやすく、生きていく上で安心安全が守られていない状態にもなりえます。

　そもそもその家族が地域社会から孤立していることも多いので、その家庭の中で暮らす子どもが、社会との接点が薄くなるのも当然です。

　そんな子どもが社会との接点を持てる場所は、地域であったり学校であったり、ほんの限られた空間でしかないのですが、だからこそ、そんな場で出会える大人の存在はとても貴重です。

「向こう三軒両隣」という言葉があります。

　【故事ことわざの辞典】によると、「自分が住んでいる家から道路をへだてた向かい側にある三軒の家と、左右に並ぶ二軒の家。普段の生活で何かと世話になったり、世話をしたりして、親しい付き合いをしなくてはすまされない関係にある家。となり近所」とあります。

　昔はご近所同士での濃密な付き合いがあり、窓越しに調味料の貸し借りなどもしていた、ということを聞いたことがあります。

　家族のケアや子育てに関しても、お互いの家族で支え合うような関係がここにあったのではないかと思うのですが、核家族化している現代では、このようなお付き合いができているところは少なくなっているので

はないかな、と思います。

　昔のようなお付き合いが難しいとしても「おはよう」「いってらっしゃい」「おかえり」など、地域で、学校で、何気ない会話を交わすだけでも、子どもにとっては誰かが自分のことを知っていてくれる、誰かが自分のことを気にかけてくれている、そんなメッセージになるのではないでしょうか。

　旅人のエピソードの中にも「大変だね～」と声をかけられた、とか「頑張っているね」と言われたとか、そんな何気ない一言が心に残り、励まされたというものがありました。
　大げさなようですが、挨拶を交わしてくれる人がいるだけで「自分は生きていて良いんだと思えた」そんなことを話してくれる人もいます。
　挨拶を交わす中で、その子の声のトーンや表情で、何か異変を感じることもあるかもしれない、言葉では言えないけれど、何かサインを出しているかもしれない。そんなことが感じられる、表出できる間柄の大人が一人でも地域にいたら、そこで暮らす子どもがどれだけ救われることでしょう。
　まずは「挨拶」から。地域に見守り隊が一人でも増えて、子ども達が暮らしている街に温かい風が吹くことを願います。

受援力

　受援力というのは、その名の通り、支援を受ける力＝周りの人に「助けて」と言える力のこと。被災地でのボランティア活動を地域で受け入れる環境・知恵というような防災用語としても使われているようです。人に助けてといえない、人に頼れない、人を頼っていいと思えないという人は、ヤングケアラーに限らず真面目で頑張り屋な気質だといわれる日本人に多いのかな、と思います。だからこそ、このような言葉が生まれてきたのかなと思います。

　昔、ある人から、本当に強い人、生きる力がある人というのは「何でも自分でできる人」ではなくて、自分の弱さを知っていて、自分ができないことを知っている人、と言われたことがあります。何でも一人で頑張ってしまうのではなく、自分ができないところ、弱いところを認め、足りないところを補ってくれる人を探せることが大事だと。確かに、人間一人でできることなんて限られているのだから、自分を知り、助けてといえる「受援力」を発揮できることが、生きていく上では大切だと気付かされた一言でした。

　自分が苦手でできないところでも、他の人は得意なことかもしれず、その逆もしかり。お互い補い合えることが沢山あるはずです。人に頼ったり、助けを求めたりするのは恥ずかしいことではなく、生きるために必要な力であり、強みのひとつです。

　私の中で、受援力と同じく、大好きな言葉に、アフリカの諺があります。

「早く行きたければ一人で行け、遠くまで行きたければみんなで行け」
（If you want to go fast, go alone. If you want to go far, go together.）

　何を大事にするかは人それぞれですが、時には一人で頑張らないことを選択してもいいのではないでしょうか。

旅のストーリー❸

鎧を着た
優等生

「ここに居てもいい？」
いい子という鎧を着て安心する

奈々〜帰ったらまた夕飯お願いね！お母さん夜も続けて仕事だから

行ってきます！

あっあとワタルが明日お弁当だ！ギャッ！もうこんな時間

ハイハイ

弁当 夕飯

奈々〜委員会今日代わって！

ゴメン部活の日誌今日お願いしてもいいかな？

あっ橋本職員室までこれ持って行って急ぎめで！

部活 委員会 弁当 夕飯

…ありがとぉ〜

夕飯 弁当 委員 部活

わぁ〜！奈々ぁ無理なら無理っていいなよ！

手伝うよ！

も〜奈々は人が良すぎ！

あはは…

無理なら無理って言えたら…

……

夕飯 弁当

鎧を着た優等生

　家族の困りごとは、閉ざされた空間で起きていることなので、周囲からは見えにくい。

　かつ、「家族のことは家族の中で解決するのが当たり前」という自己責任論が根付いている社会では、そのことを周囲に話しても仕方がない、意味がない、と諦めてしまうこともある。

　困っていることを周りから理解してもらえないのではないか、知られてしまうと偏見の目で見られてしまうのではないかという恐れすら感じることもあるため、本当のことが言えず、何も困りごとがないかのように振舞うこともある。

　家族という小さな社会の中でしか生きられない子どもは、その大切な家族が少しでも社会に受け入れられてほしいし、差別を受けないようにしたいと考えている。

　そして、生き抜く術として、家族の中でも外でも、いい子でいることで「ここにいてもいい」という場所を作っている部分もある。逆に言うと、いい子でいないと「ここにいてはいけないのではないか」と無意識に不安を感じているともいえる。

旅人の日常①

 　母親は、生活を支えるために昼夜関係なく働いていました。父親は毎晩のようにお酒に酔うと、大声で歌ったり叫んだりしながら帰ってくるし、家の中でも叫んだり暴れたりして、夫婦喧嘩も毎日のように起きていました。

　そんなことが日々起きていたので、周囲の人からは、大変な家庭、事情がある家庭というのは一目瞭然だったと思います。「あそこの家は大変だ」「あの家の子とは関わらない方がいい」そんな風に偏見の目で見られていることも薄々感じていました。

旅人のエピソード

 　日中は子どもだけで留守番をしていたので、騒いだり、喧嘩をしたりすることもあったように思います。借家に住んでいましたが、大家さんがそんな事情がある家庭を好む訳がなく「子どもが騒ぐから、苦情が出ている」と言われて退去を命じられたり、家賃が払えなくなって、引っ越しを余儀なくされることも度々ありました。小学校低学年までで、覚えているだけで6回の引っ越しを経験しています。

旅人の日常②

　引っ越しを繰り返す事情については、幼い頃はあまり理解ができていなかったのですが、小学生になり、ある程度の事情がわかるようになると、せめて今いる居場所を失わないためには、周りに迷惑をかけてはいけないと考えるようになりました。

　また、母親は、ただでさえ大変なのに、自分が何か学校でトラブルを起こしたりして呼び出されるなんてもってのほか。もともと偏見の目で見られているからこそ、何かあれば「あそこの子は…」と後ろ指を指されてしまうことにつながるし、周りから受け入れられないのではないかと思っていました。

　親や周囲の人に迷惑をかけずに、居場所を失わないように、少しでも安心して生きていく術として「いい子でいなきゃいけない」と考えるようになりました。

　勉強や運動も頑張ろうと思ったし、友達ともトラブルを起こさないようにと、いつも自分の感情を抑えていたように思います。

旅人の日常③

　幼少期に出会った先生にあこがれて、将来教員になりたいという夢を持っていました。教員になるために、教育学部のある大学を目指していましたが、私立の大学は学費が高く、とても通うことができないので、国立の大学を目指していました。

しかし、高校3年生の時に不登校気味になってしまい、勉強になかなか身が入らず、受験に失敗しました。

悩んだ末に浪人をして国立大学を目指すことにしました。

お年玉や高校時代にもらっていた奨学金や、それだけで足りない分はアルバイトをして予備校代を賄いました。

午前中は予備校に通い、午後からはアルバイトに行く、という生活をしていました。

電車賃がもったいなかったので、片道10Kmある予備校まで、雨の日も雪の日も、自転車で片道40分かけて通っていました。

旅人のエピソード

 予備校は、午前中に一斉授業があり、午後は自習時間でした。午後からはアルバイトがあったので、予備校生なのに自習せず、帰る私をみて、周りの友達から「予備校生なのに自由でいいよね」と思われている気がして、何となく辛かったです。

家計が苦しくてアルバイトをしているということは、周りの人には言えないし、言っても仕方ないことだと思っていました。

友達との何気ない会話の中で、暗い話にしたくなくて、アルバイト先で経験した面白いエピソードや、アルバイトの仲間と遊んで楽しかったことを話したりしていたので、そういうことから、予備校生なのに気楽でいいなと思われる原因を作っていたかもしれません。

旅人の日常④

 浪人の末、目標としていた国立大学に無事合格することができました。家を離れたい、自由になりたい、という気持ちもあって、地元の大学の他に県外の大学も受験し、そちらも合格しました。

家を離れて自由の身になるには、県外の大学に行くしかないと、大学の寮を調べたり、生活費をどうしていくか、シミュレーションもしたりしてみましたが、結局、母親を残したまま実家を出るということが決心できず、県外の大学へ進学することは諦め、自宅から通える地元の大学に進学することに決めました。

大学に進学する場合、親からは1円も援助してもらえないことはわかっていたので、進学後は奨学金を借りながらアルバイトを複数かけもちし、学費、教科書代、食費、免許取得のお金など、あらゆるものを自分で賄っていました。

旅人のエピソード

 大学時代は、これまでにできなかったことを、できる限り楽しみたいと思い、アルバイトでお金を貯めて、友達と小旅行をしたり、懇親会などにも参加したりしていました。

大学一年生のある日、クラスの懇親会という趣旨で、担任の先生も含めクラスメイトで一泊旅行に行くことになりました。

先生は飲みすぎて酔いつぶれてしまい、介抱が必要な状態に。見かねて先生のそばにいき、介抱をしていると、「この子はいい

子なんだよ、本当にすごく頑張ってるんだよ」と酔いつぶれながらも、先生が、ぼそぼそとつぶやいたのです。

　私は先生に、家庭の事情を話したことはなかったけれど、もしかしたら、事情を知っているのかな？知っていてくれているのかな？と、嬉しくなりました。どうして先生がそのような一言を言ったのかはわかりませんが、もしかしたら高校から大学に対して引継ぎのようなものがあったのかもしれません。

　その後も先生とはそのことについて話すことはありませんでしたが、いつも外では平気なように振舞っている私の、本当の姿を少しでも誰かが見守っていてくれたような気がして嬉しかったです。

旅人の日常

　父は、兄には手をあげることはなかったのに、よく、私のことを叩いていました。叩かれる理由のほとんどが、勉強に関することでした。

　父が学習内容も決めて細かく指示を出し、時間内に学習が終わらないとぶたれる、痣だらけになる、の繰り返しでした。

　中学時代まで、とにかく家から出たくて泣いていた毎日でした。

　子どもの人権なんて微塵も無かったです。

旅人のエピソード

　　父の指示を受けてさせられていたとはいえ、しっかり勉強をしていたので、そのせいか中学時代の成績はとても良かったです。

　高校になると、急に父から勉強を強制されなくなり、叩かれなくなり、平和に過ごせるようになりました。それと同時に、成績も平凡になりました（笑）。誰かにやらされる学習って、やっぱり長続きしないんですよね。

　大人になり、好きな勉強では良い成績が取れるようになりました。

旅人の日常

　　当時、まだ父は闘病中でした。

　母は仕事をしながら家計を支えていたので、入退院を繰り返す父のケアは家族みんなでしてきました。

　時には母の妹夫婦（私の叔父、叔母）も父のケアをしてくれていました。私も小学校低学年の時に父にアイスを食べさせてあげたことをはっきりと覚えています。

　父が亡くなってからも、母は私達に不自由な思いをさせまいと、いくつも仕事を抱えて頑張ってくれていました。

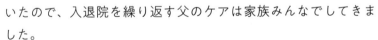

旅人のエピソード

 　朝起きると、いるはずの母がいな

くて、家の中を探すと、私達のお弁

当を作りながら台所で倒れて寝ていたことがありました。それ

は今でも忘れられない光景です。

　そんな風に母が苦労しているのを見ていたので、ファミレス

に行けば自分が食べたいものよりも、一番安いメニューはどれ

かな？と探すクセがついていました。

　母や祖父母がお金で不自由をさせないようにしてくれていた

けれど、私なりに常に安いものを探すクセがずっとありました。

━ 「いい子」という鎧を着る理由 ━

　家族の問題は家族の中で起きているため周りからは見えにくい。特に子どもは生きている世界が狭いので、家庭と学校以外で、誰かとつながることも難しいし、そもそも自分の気持ちを言語化することが難しいため家庭で起きていることを家族以外の誰かに相談したり、誰かに頼ったりということは非常に難しい。家族の中でも弱音を吐く相手がいないのだから、それも当然のことかもしれない。

　家庭内のことが周囲に知られているのかもわからないし、もし知られているとしたら、偏見の目で見られているのではないか、本当のことを知られたら、疎外されるかもしれないというような恐れを感じていることもある。

　家族のことで周りに迷惑をかけられない。家族のことだから、その一員として頑張るしかない。家族内に起きている問題であるため、人には相談できない。

　そんな気持ちを隠しながら外の世界で"普通に"生きていくためには、周りから受け入れられる「いい子」でいるようになる。

　「いい子」でいるのは、安心して居ていい居場所を失わないため。いつも笑って居たとしても、実は心の中では泣いていることもある。

　だからこそ、誰かが自分の本当を気持ちに気付いてくれたかも、と思える瞬間が、鎧を着た心に光をさしてくれるような、生きていくエネルギーを注いでくれるような、救われる経験となることもあるだろう。

家族の機能不全とその影響

～ヤングケアラーを生む家族が陥っている機能不全と、そのことが
ヤングケアラーに与える影響には、次のようなものがあります～

機能不全・影響 ❾ 関係性の貧困

　家族のケアに忙しかったり、生活のために仕事に追われたりしている
と、自分の時間がないだけでなく、友達付き合いやご近所付き合いがで
きなかったりすることで、周りの人との関わりが持ちにくく、結果とし
て関係性の貧困に陥る。

機能不全・影響 ❿ 精神的虐待

　子どもの周りにいる大人（ケアされる側）が、子どもに対して暴言を
吐いたり、夫婦喧嘩など暴力的なシーンを見せたりと、精神的苦痛を与
えることがある。
　精神的苦痛が与えられたとしても、子どもはそこから逃げ出すことが
できない。

機能不全・影響 ⓫ 身体的虐待

　子どもの周りにいる大人（ケアされる側）から、ストレスの吐けぐち
として子どもが暴力を受けることもある。子どもは力が弱く、大人から
の暴力には抵抗できないし、暴力を受けたとしても、そこから逃げ出す
こともなかなかできない。

機能不全・影響 ⑫-2 感じたことを素直に話せない

　家族に起きている困りごとについて、自己解決をしなくてはならないと思っている場合が多いので、家族の前でも弱音が吐けない。ましてや、周りの人に対しては、なおさら素直な感情を表現することが難しい。

機能不全・影響 ⑬ 心に殻をかぶる

　家庭の中でも心の中を吐き出せる状況にないのだから、困りごとを周りの人に伝えることができず、家庭内での問題を隠すようになる。はたからみると、困りごとはないように見えるかもしれない。

　偏見・差別を受けたくない、偏見・差別を受けないようにしたい、そんなことから、本当の姿を見せないようにしてしまうこともある。

機能不全・影響 ⑭ 他者との関係性がつくりにくい

　家族内の問題という、人には相談しにくいことを抱えているため、本当の気持ちを人に言えない、言わない、という状況になっている。本音がいえない結果、他者との距離をとるようになったり、他者にはわかってもらえないという諦めの境地に至ったりしてしまうことがある。

機能不全・影響 ⑮ 社会から孤立する

　ケアに追われていて自分の時間がなかったり、他者とのコミュニケーションを取る余裕がなかったりすることで、地域社会から孤立してしまう。そしてその孤立が、さらに家庭内の問題を加速させ、問題が外に見えにくくなる。

自己責任だと感じる

　家庭内で起きている問題であることから人には言わないようにと親から言われているケースもあり、家庭内のことは家庭内で解決するしかない、他者とは関係のないこと、すべて自己責任であるというような概念がつきまとう。

旅のガイド

🧭 自己責任という意識を捨てる

　家族の事情は人それぞれで、他の家族と比べることはできません。機能不全家族の中でヤングケアラーとして誰かの世話をし、自分が置かれた場所で踏ん張ること、頑張ること、それができることは、その人の持つ生きる力でもあり、強みだとも思います。

　一方で、頑張りすぎる生活を長く続けることはしんどいことです。時にはきついことから逃げること、辛いことから離れること、踏ん張ることをやめること、そうしてもいいのだと思ってほしいです。

・家庭内の問題なんだから人には言えない
・家庭内の問題なんだから、自分（達）で何とかしなくてはいけない
・家庭内の問題なんだから、助けてほしいなんて言えない

　そんな風に感じて、家族のことを一身に抱えている人が多いかもしれませんが、たまたま生まれ育った家庭環境がそうであるだけで、それを

一人で背負う必要はない、あなた一人が抱える問題ではない、と伝えたいし、あなた自身もケアを受けられるべき存在であるということを、知ってほしいと思います。あなたの身に起きていることは、あなたの責任ではありません。そう思って、少しでも肩の荷がおろせるといいなと思います。

この人なら話せる、というキーパーソンを見つける

　ヤングケアラーの場合、自分自身が家族から頼られ、ケアを担う側なので、家族の中の誰かに頼る、ということはとても難しい状況にあるのではないかと思います。

　しかし、そもそも、子どもにケアを頼らなくてはならないという家庭内でのケアシステムが破綻している状態で、家庭の中だけで問題を解決しようとすることそのものに無理があります。どうしようかな、困ったな、大変だな、少しでもそう感じたとき、ちょっと周りを見渡してみてほしいのです。

　通っている学校の先生、習い事や部活の先生、地域の人、友達のお母さんなどなど、見渡してみたら、話を聞いてくれそうな人はいませんか？力になってくれそうな人はいませんか？

　もしかしたら、家族の中で起きていることを、人にいうのは恥ずかしい？家族の中で起きていることを、人にいっても仕方ない？そう思ってしまう側面もあるかもしれません。

　ただ、家族の中で起きていることは、外からは見えません。声をあげないと気付いてもらいにくいことも事実です。
　子どもは世界が狭く、出会える人も、本当にごく少数です。
　もしも、何か困りごとを抱えていても、そのことが沢山の人の目に触れることもありません。だからこそ、ぜひ、数は少ないかもしれませんが、自分の周りにいる大人で、この人なら、と思える人を見つけてほし

いなと思います。

　今の時代は、もしかしたら、SNS の世界に、話を聞いてくれる人や助けてくれる大人が見つかるかもしれません。そこからキーパーソンになりえる人が見つかる可能性もあります。

　ただ、時に SNS には危険が潜んでいることも多く、残念ながら SNS を悪用する人もいます。出会い系サイトに誘導されたり、犯罪に巻き込まれることもあります。自分を守るために自分の個人情報やプライベートなことを気軽に教えないようにしましょう。
　例えば、人気のないところで会うように求めたり、話を聞くことの見返りとして性的なことや金品を求めたりするような人であれば、その人はキーパーソンには絶対になりえない人です。注意しましょう。

　SNS を使う時の注意点を挙げます。以下を参考にしてください。

（総務省）
安心してインターネットを使うために
国民のための情報セキュリティサイト・キッズ
🌐 https://www.soumu.go.jp/main_sosiki/joho_tsusin/security/
kids/index.html

安心してインターネットを使うために
国民のためのサイバーセキュリティサイト
🌐 https://www.soumu.go.jp/main_sosiki/cybersecurity/
kokumin/index.html

　きっと周りに誰か、力になってくれる人はいます。理解してくれる人は見つかります。願いも込めて、そう思います。一歩踏み出して、誰かに胸の内を話すことができるといいですね。

周りの大人にできること

🧭 社会全体で支え合うという意識を持つ

　家庭内の問題は家庭内で解決すべきである、という概念は根強く残っています。自己責任という言葉で片付けられ、家庭内のことは周りから支援してもらえないことがあります。

　そして家庭内でのケアの担い手は、主に女性や子どもという弱者に向けられることも多いのです。

　自己責任という言葉で、家族の中で弱者である女性や子どもが家族のケアに縛られ、未来の希望が失われているとしたら、大げさにいえば、社会にとって損失ではないかと思うのです。

「家庭内で抱えきれないことは、社会で抱える、支え合う」そんな意識を、社会全体でもっともっと持てるようになれば、日本はもっと豊かで暮らしやすい国になるのではないでしょうか。

🧭 お助けマンになる

　私自身のエピソードですが、家庭環境が原因で引っ越しばかりしていて、安心して暮らせる家がなかった頃。地域の民生委員さんが、そんな我が家の生活を見かねて、母に声をかけてくれました。母子家庭手当というものがあること、母子家庭世帯だと県営住宅に入れることを紹介してくれ、行政の福祉にもつないでくれました。

　おかげで私達は永住できる居場所を見つけることができました。

　家庭内で抱えきれない問題を拾ってくれる地域の力は大きく、幼少期にこんな経験があったからこそ、無意識のうちに、困った時にはきっと助けてくれる人がいる、という社会に対する信頼感を私は持つことがで

きたのではないかと思います。苦しい時には助けてと言ってもいいんだ、と感じられる大きな経験となったと思います。

　家庭内の問題を解決したくても、行政の窓口というのはハードルがとても高く感じられます。さまざまな社会資源も、日本の場合は申請主義で、こちらから申請しないと受けられないものも多くあります。ケアが必要な家族がいる中で、自らいろいろな社会資源にたどりつくことは、とても困難なことだと思います。

　だからこそ、まずはその家族の周りにいる地域の人が窓口になり、必要な社会資源につながるための橋渡しの役割を担うことにはとても重要な意味があります。

　社会資源を使わないにしても、まずは家族以外の誰かと地域でつながることによって、孤立を防ぐことができます。

　ヤングケアラーにとって、そしてその家族にとって、安心してつながれる誰かを地域で一人でも見つけることができたら、どんなに救われることでしょう。

　専門家でなくても、たった一人の地域の人でいいのです。ヤングケアラーを生むような家庭は、その家庭自体が社会から孤立していることが多く、そもそも困りごとが見えにくいもの。そこで登場するお助けマンが、地域の人だと思います。

　周りにいる大人は、そんな彼らを見守り、子どもの表情、言葉の変化に気付いてあげられる存在であってほしいなと思います。子ども達の近くにいる、周りにいる大人にできることは、小さいことのようにみえて、実はその子の人生を変えるような大きなことかもしれません。

　地域で、「何か困ったことがあったらいつでも相談してね」と言葉かけができる、いえ、困ったことがなくても何気ない会話ができるような顔の見える関係を作れたらいいですね。

居場所作りプロジェクト 「あゆみYELL」の軌跡

　2016年7月、乳幼児とその保護者の居場所「おしゃべりサロンあゆみ」を、川崎市多摩区にて立ち上げました。2018年3月には小学生が地域の人と触れあい勉強したり遊んだりする「地域の寺子屋」を、川崎市教育委員会から受託し開始（地域の寺子屋は、あゆみ YELL とは別団体として運営）。

　2019年9月、信頼できる大人との出会いが大切であることを伝える「助産師ガンバの夢の話」をオンライン・対面で開始。

　2022年6月、これまでやってきた居場所作りの活動を踏襲しながら、新規事業を展開＆拡大していくために、任意団体を設立しました。

　2023年3月、勉強したり、体のこと、心のこと、将来のことを相談できるティーンの居場所「つながるカフェ」を、川崎市多摩区に立ち上げ運営しています。

～立ち上げへの想い～

　子ども達が、たとえどんな家庭環境に生まれても、心身共に健康で幸せに生きていけるような社会、それぞれが自分の好きなことや目標・夢をもって生きていけるような社会を作りたい。そのためのひとつとして、家庭や学校という限られた場だけでなく、そういった場所以外でも信頼できる大人と出会い、多様な価値観に触れ、沢山の経験を積む機会があることが大切だと考えています。

　家でも学校でもない第三の居場所が手の届くところにあり、そこで信頼できる誰かと出会い、斜めの関係が作れること、そして大人も子どもも孤立せず、誰かとつながり支え合えること。

　小学生には小学生なりの、中高生には中高生なりの出会いの場があり、子育ての主な担い手である保護者世代も、誰かとつながり、気軽に相談したり助け合ったりできる場。そこにいろいろな年代の地域住民も集い、出会い、つながり、学べる場を作りたく思っています。

旅のストーリー❹

そうだ、
学校だ！

自分の居場所はどこにある？

そうだ、学校だ！

　ヤングケアラーは、常に家族の誰かのことをケアする役割を担っているため、家庭の中でほっとできる時間や安心できる居場所を作れないことが多い。

　多くの時間を家族のケアに費やしているため、自分自身のことに時間を割いたり、気持ちを向けたりする余裕もない。

　だからこそ、自分が自分でいられる場所があることや、自分のことだけを考えてよい時間が持てることは、ヤングケアラーが健康に生きていくためには、なくてはならないものではないかと思う。

　「家族の中の自分」ではない、「家族以外の人といる自分」と出会えることが、自分の居場所を見つける転機にもなるかもしれない。

　特に義務教育は、貧富の差や家庭環境に関係なく、誰でも平等に通うことができ、他の子ども達と同じように勉強したり、給食を食べたりという、ヤングケアラーにとっては当たり前のようで当たり前にできなかったことが経験できる貴重な場所でもあり、家族ではない誰かと出会える場所でもある。

旅人の日常①

 　母は夕飯を早めに作って、夕方から仕事に出ていたので、家では子ども達だけで夕飯を食べていました。

　妹達と時間があわない時は、一人で食べることもありました。家に帰ると、テーブルの上にドーンと鍋が置いてあってそれを自分でよそって食べる、という感じでした。大体いつも、ご飯とおかず一品という質素な食事でした。

旅人のエピソード

 　友達と一緒に食べる、給食の時間がとにかく好きでした。学校の給食は温かくて、小鉢やデザートもついていて、毎日色んなメニューがあるし、おかわりをすることができて、お腹いっぱい食べられるし、牛乳も、飲めない友達からもらって2、3本飲んだりしていました。友達とワイワイおしゃべりしながら食べる時間も、とても楽しかったです。

　休み時間になると、ドッジボールや縄跳びをしたりして運動場でよく遊びました。一人で黙々とやることよりも、みんなでやる球技が好きでした。学校に行けば友達が沢山いるので寂しくありませんでした。

旅人の日常②

 小さい頃から引っ越しばかりして いましたが、ある日、学校から帰る と、家の前にトラックが来ていて、「これから引っ越すよ」と言 われたことがありました。

突然の引っ越しだったので、友達にさよならの挨拶もするこ とができずに転校になってしまい、誰とも連絡先の交換すらで きないままでした。引っ越しが多いことで友達が作りにくいと 感じることもありました。

旅人のエピソード

 ある学校に転校した時のことです。 自己紹介が終わるとすぐに、クラ スの子達が数人、わ～っと近寄ってきてくれて、「これから仲良 くしてね」「一緒に遊ぼう」と話しかけてくれました。

そして、その子達とは、その日のうちに遊ぶ約束をしました。 引っ越しばかりで友達がなかなかできないことや、せっかくで きた友達ともすぐに別れてしまうというつらい経験をしてきて、 いっそのこと、もう友達を作るのは諦めた方がいいのかな、と いう気持ちもあったのですが、この学校では、そんな寂しい想 いをすることなく、転校当日から仲良しの友達ができました。

その友達とは、大人になった今でも仲良しです。

旅人の日常③

 父親が飲みに出るのは日常茶飯事でしたが、夫婦喧嘩をした時など、機嫌が悪い状態で飲みに行った時は、帰ってくると必ず暴れるので、父親が帰ってくる前に荷物をまとめて、親戚の家に逃亡することもありました。

親戚の家から学校までは距離もあり、翌日は学校を休むしかない日も多く、なかなか勉強についていけませんでした。宿題や持ち物も忘れることが多くて、授業がまともに受けられないということもありました。

旅人のエピソード

 ある時、担任の先生から声をかけられて、放課後、先生のお宅に、クラスメイト何人かでお邪魔させてもらうことになりました。

みんなで宿題を持参して、先生のお宅で勉強をするのですが、そこにいたみんなも、勉強が難しくて、ついていけてない感じで、自分だけじゃなかった、と安心したのを覚えています。

先生の家で勉強をしていると、先生の奥さんがおやつを出してくれました。うちではおやつタイムという習慣が無かったので、そんなことも、すごく嬉しかった記憶です。

それまで、決して勉強が得意ではなかったのですが、次第に学校の勉強にもついていけるようになりました。

先生のおかげで勉強する楽しさを知ったし、学校以外でほっと

できる居場所があったことは、とても心が救われる経験でした。
この先生との出会いがあって、私も将来、こんな風に困っている
子を救える先生になりたいという目標を持つことができました。

旅人の日常④

　母親がいない間、妹達の世話をし
ていました。

　保育園の送り迎えを担うこともあったし、中学生頃になると、
母親の代わりに食事作りや掃除などの家事も行うようになりま
した。

　家事当番の日は友達と遊ぶこともできないし、放課後はすぐ
に家に帰らないといけませんでした。

　友達は家のことなんてやっていなかったけれど、私はそれが
うちでは当たり前だと思っていたので、つらくはありませんで
した。

　ただ、この頃、蒸発していた父が突然戻ってきて、そのうち、
飲み仲間を家に連れ込んでは宴会をするようになっていたので、
本当は家にはあまり帰りたくありませんでした。

旅人のエピソード

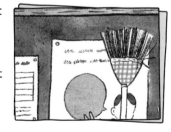

　そんな中でも、学校にいる間だけ
は、家事のことも妹達の世話も家で
父が宴会をしていることも考えなくてよい自由な時間でした。

　中学3年生の夏、中体連の総体が終わって部活を引退すること

になりましたが、家に帰っても落ち着いて勉強できるような場所はないし、自分にとっての居場所は学校にしかなかったので、苦肉の策で、勝手に部活に遊びに行くという強行手段を考えました。

顧問の先生に理由を伝えることもなく、引退後も毎日部活に行って後輩達のボール拾いをしたりして過ごしていました。

顧問の先生は、そのことを黙って許してくれていて何も理由を聞かず、とがめられなかったのが救いでした。

何もしなくていい、ただ、いていい居場所があったおかげで、当時の私は何とか心のバランスが取れていたと思います。

受験前のギリギリまで、そんな生活を続けていました。

旅人の日常⑤

 中学に入ると、勉強が難しくなって成績も伸び悩んでいました。お金もなかったので、塾に行きたいとも言い出せずにいました。

旅人のエピソード

 お金がないから塾にいけない、塾にいけないから勉強できない、そう思っていましたが、そんな風に「できないこと」「ないもの」に目を向けていても現状は変わらないので、ある時から「できること」「あるもの」に目を向けようと考えることにしました。

勉強に必要な教科書とノートと鉛筆はあるから、あとは教え

てくれる人だけだ、そうだ！ 学校には先生がいる、そう思って、
学校で先生に教えてもらえばいいと気付きました。

　ある日、授業が終わってから、数学の先生に「わからないとこ
ろがあるので教えてください」と勇気をもって声をかけました。
すると先生はとても喜んで、丁寧に教えてくださいました。その
ことをきっかけに、休み時間や放課後、廊下や職員室で勉強を教
えてもらえるようになりました。

　最初は数学の先生だけでしたが、そのうち他の教科の先生達も
応援してくれるようになって、塾に行けなくても学校が塾代わり
となり、沢山の応援団（先生方）が周りにいてくれました。

旅人の日常⑥

　大学時代は、学費を稼ぐためにア
ルバイトばかりしていました。

　本当は今しかできないことをしたいとサークルにも入りた
かったけれど、授業料や教科書代など学業を続けるためのお金を
稼ぐことも大変でしたし、アルバイトを減らすこともできないの
で、サークルに入ることはできませんでした。

旅人のエピソード

　大学生になると自由に動けるよう
になり、家に帰りたくない時は大学
の近くで一人暮らしをしている友達の家に泊まりにいったりし
て、家から離れる時間が持てるようになりました。

アルバイトばかりで、あまり友達と一緒に遊びにいく時間はなかったけれど、授業の空き時間にクラスメイトとカラオケにいったりして、隙間時間で楽しいことをして過ごしていました。

　家のことを忘れて、大学で友達と過ごす時間は、自分にとってとにかく癒しの時間でした。友達がこれから遊びに行こうというときに、私一人「バイトだから帰るね」と別れる時もありましたが、アルバイト先に友達がみんなで遊びに来てくれて、そこでおしゃべりをすることもできて、そんなことがとても嬉しかったです。

旅人の日常

　母は、仕事をしながら、祖母の通院に付き添ったりもしていたので、学校が終わって家に帰っても、誰もいないこともよくありました。小学生になると、放課後の預かり（学童保育）には通っていましたが、周りの友達も3年生に上がる頃にはやめてしまっていたので、私も3年生にあがるときには友達と一緒にやめました。

旅人のエピソード

　放課後は、いったん家に帰ってランドセルをおくと、また学校に戻っていました。グラウンドが解放されていたので、友達を誘って遊びに行きました。うんていをしたり、鉄棒をしたり、鬼ごっこをしたり。気付けば暗くなるまで遊んでいました。

　一人っ子でしたが、学校に行けば友達がいるので寂しくありませんでした。

旅人の日常

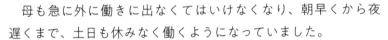

 バブル崩壊とともに父の事業が失敗し、多額の借金を抱えました。そして、生活はみるみる苦しくなっていきました。

母も急に外に働きに出なくてはいけなくなり、朝早くから夜遅くまで、土日も休みなく働くようになっていました。

母も仕事が忙しくてストレスが溜まっていたのだと思いますが、朝起きられないと、布団叩きの棒で叩き起こされたり、「働かざるもの食うべからず」と言われたり。そんな日々から次第に母に歯向かうようになっていきました。

歯向かうと母が口にするのは決まって「誰に喰わせてもらってるんだ！」という言葉。私も「誰も産んでくれなんて頼んでいない、勝手に産んだのはあんただろ！」と言って喧嘩が始まります。たったそれだけのことで、家庭の中はぐちゃぐちゃになっていきました。

旅人のエピソード

 誰からも文句を言われずに逃げられる居場所は学校でした。放課後も、部活（吹奏楽部）の練習は欠かさずに行きました。お金がなかったので、楽器を自分で買うことはできず、楽器を購入しなくてもすむ楽器を希望したのですが、部活内で選考があって、クラリネットに選ばれてしまいました。とてもクラリネット本体を買うことはできなかったので、やっとの思いでマウスピースだ

け購入してもらい、楽器本体は中学3年間学校のものを借りていました。

　自分の楽器がないことで肩身の狭い思いもありましたが、放課後すぐに家に帰らずに済んで、学校に残れる部活があることは、とても救いになりました。

旅人のエピソード

　小学校時代は、家に帰ると勉強をやらされるのが嫌で、日が暮れるまで外で遊んでいました。

　中学時代は、クラスメイトが親とぶつかる私のことを気にかけてくれました。ある日暗くなった田んぼ道を、「家に帰りたくない、どこかに行ってしまいたい」と思いながら歩いていたら、クラスメイトが声をかけてくれて、そこでたわいもない会話をしたあと、家に帰りました。何か特別なことを話したり、何かを相談したりした訳ではありませんが、さりげなく見守ってくれたクラスメイトには感謝しています。

居場所が必要な理由

　家庭の中に課題がある場合、子ども達は、家庭の中で常に緊張状態で安心できなかったり、家族のケアを任されることで自分時間がなかったりする。多くの時間を過ごすことになる家庭の中に、自分自身がほっとできる時間や安心できる居場所がない。

　過剰な役割負担、親からの期待、責任などから、自分が子どもらしく、素のままでいられないということも良くあるように思う。

　そんな子どもには、自分が素でいられる場所、背負っている重荷をおろしてほっとできる場所を持てることがとても大切である。

　家庭の中にそんな場がない場合、家庭以外に作れたらいい。私の場合、それが学校という教育の場であり、そこにかなり救われてきた。学校、とりわけ義務教育の場である小中学校は、徒歩圏内にあって、お金もかからず、どんな家庭環境にあったとしても、誰でも平等に通える場でもある。

　貧富の差や家庭環境の差に関わらずに通えるということは、すべての子ども達にとって、心身の育ちや、学ぶ権利を守るために、当たり前でもあるが、とても大事なことだと感じる。

　学校にいけば友達がいる、先生がいる、おいしい給食が食べられる、そんな当たり前のようなことでも、当たり前を経験できる機会の少ない子どもを救える受け皿になっている。

　また、学校という場には先生という、家族ではない大人の目がそこにあり、普段は見えない家庭の中の様子が、子どもの言動を通して垣間見れる場所でもある。家族ではない大人との出会いが困っている子どもの手助けになりえる。

　私自身も学校で、信用できる大人（教師）と出会ったことで、こんな大人になりたいと、将来の目標を持つことができ、生きる希望となった。

　逆に、最近は不登校の児童生徒が増えていることがニュースでも取り上げられている。誰でも平等に通える場であるはずの学校に通いたくて

も通えない状況になっている子ども達は、自分にとって大切な居場所の
ひとつや経験を失っているということにもなる。

　学校は子ども達にとって、特別な居場所であることを考えると、誰も
が安心して通える場であってほしいと切に願う。

家族の機能不全とその影響

～ヤングケアラーを生む家族が陥っている機能不全と、そのことが
ヤングケアラーに与える影響には、次のようなものがあります～

機能不全・影響 ⑰-1　自分時間がない

　家族の世話、家事に時間を割かれてしまうため、それらから解放され
て、子どもが手放しで自分自身でいることができる、子どもらしく過ご
せる時間は少ない。

　常に、誰かの世話をすることが当たり前になってしまっているので、
自分自身のことに時間を割くことができない。

機能不全・影響 ⑲　家庭が常に緊張状態（安心できない）

　ケアが必要な人が家の中にいると、いつ、何が起こるかわからないと
いう緊張の中で過ごすようになる。本来、家庭の中はリラックスできる
空間であってほしいが、家庭にいてもリラックスできない緊張状態が続
いている。安心安全な居場所がないということは、人間に備わっている
基本的欲求が満たされていないということである。

旅のガイド

🧭 安心していることができる居場所を探してみる

　ヤングケアラーは、家庭の中で、いい子でいること、頼られる存在でいることを有形無形のプレッシャーとして感じている。だからこそ、自分が自分らしく、ありのままではいられないということもあるのではないでしょうか？

　そんな自分が少しでも自分らしくいられる場所、肩の荷を下ろしてほっとできる場所、がひとつでも多く持てるといいなと思います。

　私の場合は、学校の教室や部活がその居場所のひとつでした。学校の中でも、本を読むのが好きな人は、図書室が居場所になるかもしれないし、音楽が好きな人は、音楽室にいって楽器に囲まれているだけでほっとするということもあるかもしれません。

　しかし、逆に、学校に行くことがストレス、という人もいるでしょう。学校の教室、部活、図書室、放課後の習い事、近所の公園 etc どこかひとつでもいいから、ほっとできる時間がもてる、自分なりの居場所が見つかるといいな、と思います。

　ヤングケアラーに限らず、家庭環境に悩んでいたり、学校生活で困っていたりする子どもを助けたい、子ども達の幸せのために何とかしたい、という大人は実は世の中には沢山います。

　子ども食堂をはじめ、各地域に子どもの居場所作りの運動が広がっていることもそのひとつのあらわれです。しかし、そんな大人達の想いも情報もなかなか子ども達には届かないものです。

　学校や学校の周りに、ほっとできる場所はないでしょうか？ 教室でもいい、保健室でもいい、図書室でもいい、放課後の預かり保育（学童保育、育成クラブ）でもいい。

子ども文化センターや、子ども食堂、学校でこれまでにパンフレットや案内カードをもらったことはないでしょうか？

担任の先生でもいい、保健室の先生でもいい、スクールカウンセラーでもいい、ボランティアで来ている地域の方でもいい。学校や地域に話せる人がいたら、どこか子どもの足でも行ける場所がないか聞くことができるといいなと思います。お友達から情報をもらうというのも、案外いいかもしれません。誰かに聞くという一歩を踏み出すところから始めてみましょう。こんな場所がほしいと提案してみるのも、周りの大人達にとって、何かを始めるヒントにもなります。行ってみて、ここは違うなと思ったら行くのをやめていいし、また別の場所に行ってみていいのです。自分が心地いいなと思える場所が、ひとつでも見つかるといいなと思います。

周りの大人にできること

🧭 子どもが安心して行ける居場所を知る

子どもだけに限らず、大人にも、家庭や学校、会社など、普段所属している場所以外の、第三の居場所が必要だと言います。

第三の居場所は、いざという時の心の逃げ場にもなりえます。居場所といっても物理的な「場所」をさすだけでなく、「心を寄せることができる相手や、その人と過ごす時間」とも考えられると思います。

大人であれば、仕事や人間関係でストレスを抱えたとき、旧友とお酒を飲んだり、好きなことや趣味に没頭したり、温泉やサウナに入る、旅行に行って現実逃避をするなど多少は自由に動くことができるでしょう。

会社では言えないこと、家族には話しづらいことも、利害関係がなく、安心して話せる相手がいたら、モヤモヤを吐き出すことができたりするものです。そんな第三の居場所は、人が健康に生きていく上でとても大

切です。

　特にヤングケアラーにとっては、家庭が常に緊張状態で安心できない環境にあるため、家庭以外でリラックスして過ごせる場所、自由に過ごせる空間があることはとても大切です。
　しかし子どもは行動範囲が狭く、学校や家庭以外の居場所が地域にあったとしても、それらの情報を自ら得ることができません。
　もちろん学校が安心安全な場所であることも大事ですが、家庭と学校だけしかないというよりは、居場所は沢山あって、多様であって、その中から、その子にあった居場所が見つけられるといいなと思います。

　今の時代、時にはその居場所は、SNSにあるかもしれません。もしかしたら、趣味の世界の中に見つかるかもしれません。

　まずは、大人が、子どもにとっての逃げ場、居場所ってどういうものがあるか、どういったものが居場所となりえるのか、それはどこにあるのか、その存在を知ることから始めましょう。

　「子どもの第三の居場所」「子どもの居場所」で検索すると、沢山の地域や団体が、居場所作りの取り組みをしています。お住まいの地域でどのような取り組みがあるのかを知ることから、まずは始めてみませんか。

　ほんの一例ですが、川崎市のホームページを見ると、わくわくプラザ、こども文化センター、学童保育（放課後児童クラブ）などが掲載されています。

こども文化センター・わくわくプラザ・放課後児童クラブ
🌐 https://www.city.kawasaki.jp/kurashi/category/17-2-23-8-0-0-0-0-0-0.html

こども文化センター（児童館）は、児童が健やかに育ちゆく願いをこめて、児童の地域での遊びの拠点として、また児童の健全育成を目指して設置されています。

各都道府県、市区町村で、同様な取り組みはあると思いますので、まずは行政のホームページを見てもよいでしょう。川崎市社会福祉協議会のホームページでも子どもの居場所や無料学習塾が沢山紹介されています。

こどもの居場所
🌐 https://csw-kawasaki.or.jp/child-info/child-place/

全国各地の社会福祉協議会が、このように地域の居場所を紹介しています。

川崎市では、放課後の子ども達の居場所のひとつとして教育委員会事務局生涯学習部地域教育推進課による「地域の寺子屋事業」が市内の小中学校で実施されています。

地域の寺子屋事業
🌐 https://www.city.kawasaki.jp/880/category/10-14-0-0-0-0-0-0-0-0.html

教育委員会が主となって行う取り組みは、川崎市が他都市に先駆けて実施していますが"寺子屋"というキーワードで探すと、他にも独自の取り組みは出てくると思います。

もし「学校に行くのがつらい」「自分の居場所がない」と思ったら、こんなプロジェクトもあります。安心して立ち寄れる「地域の居場所」

が全国各地にあります。「不登校」というキーワードでも検索するといろいろな団体が出てきます。

街のとまり木
🌐 https://tomarigi.online/

国、地方自治体で情報を提供しているものもあり、民間団体が地域の子ども食堂をまとめて公開していることもあります。「NPO 法人全国こども食堂支援センター・むすびえ」「こども食堂ネットワーク」などがあります。

むすびえ・NPO法人全国こども食堂支援センター
🌐 https://musubie.org/

こども食堂ネットワーク
🌐 http://kodomoshokudou-network.com/

探せば沢山の居場所が出てきますが、これらは大人の私達だから探せるものでもあります。まずは私達が知ることから。そして地域のつながりの中で、必要な子ども達に私達大人が情報を届けてあげられるようにできるといいなと思います。

旅のストーリー⑤

たった一人の
応援団

たった一人の大人の存在が 未来を変えることもある

どうせ勉強したって
うちは金ないから
大学とか行けないし

将来の夢とかも
別に…

見島

学びたいという気持ちに
応えるのが先生の仕事だ

家の事情もあるだろうが
まずは見島が

やってみたいと思える事
探してみないか?

一緒に考えよう

それが見つかったら
どうしたらいいか

たった一人の応援団

　家族のケアをすることを第一優先にしているヤングケアラーは、家族のことを疎かにしてまで、自分の好きなことをするという心境になれないことが多い。

　経済的・時間的な制約もあり、夢や希望が持ちにくい傾向にもある。

　また、もし夢や希望を持ったとしても、家族の世話は家族がするものという社会の認識や、周りの無理解で、やりたいことを諦めたり、諦めざるを得なかったりすることもある。

　そんな彼らが未来に夢や希望を持って生きていくためには、彼らの周りにいる大人の理解と助けが必要だ。

　子どもは住んでいる世界が狭く、出会える大人も少ない。そんな中でも、家族以外の信用できる大人、目標となる大人と出会うことができたら、そこから世界が広がったり、夢や希望が持てたり、それらを実現するための方法を知ることができたりするのではないだろうか。

　周りの大人の応援は、彼らにとって大きな生きる力となる。

旅人の日常①

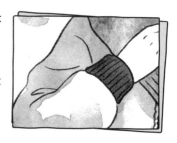

 　幼少期から、周りの人から偏見の目で見られないように、親に迷惑を
かけないように、いい子でいなくてはいけないと感じていたし、
親からも頼りにされている自分は、いつでも強い自分、頑張れ
る自分でいようとして、何となくいつもピンと気持ちが張り詰
めていたように思います。高校2年生までは、それでも頑張れて
いたのだけど、高校3年生になって、突然プツリと気持ちが切れ
たようになってしまい、いろいろなことに急に無気力になって
しまいました。

　今思えば、恐らく我慢の限界だったのかもしれませんが、そ
の時の自分には、そんな気持ちになってしまうのはなぜなのか
まったくわかりませんでした。

　学校も不登校気味になり、勉強にも身が入らずに、将来の夢
のために大学入学を目指していたのですが、見事に受験に失敗
してしまいました。

旅人のエピソード

 　将来の夢があったので、浪人して
でも大学受験に再チャレンジしよう
と思いました。しかし、親戚一同から、そんな家庭にいながら、
浪人までして大学に行くなんてもってのほかだ、一刻も早く就
職して、母親を経済的にも助けるべきだと非難され、進学を反
対されました。

　多くの課題を抱えている家庭で育つ中で、将来に夢を持つことが心の支えでもあり、その夢を叶えることが、今の苦しい状況から脱却するための唯一の道だと思っていたけれど、「大学に行くのは贅沢」というような、周囲の無理解には、絶望してしまいました。

　私自身も家庭を支えなくてはいけないと思って生きてきたので、周りがいうこともももっともかもしれないとは思ったけれど、でも逆に、貧困家庭に生まれたからといって、将来に夢を持つことも許されないのか？未来を変えたいと思うことはいけないことなのか？と憤りも感じていました。

　そんな風に悩んでいる私を見かねて、母親は「無い袖は振れないので、お金は出せないけれど、行きたいなら大学に行っていい。勉強したいと思うなら大学に進んだ方がいい」と言ってくれました。

　母自身も、経済的な理由で進学を諦めたことがあり、勉強したいけれどできなかった、という経験をしてきたそうです。その一言で、私は予備校に通って進学することを決意し、おかげで目標としていた大学に進学することができました。

　身近な大人からの、こうした言葉かけひとつで、子どもの未来をつぶすことも、応援することもできる。たった一人の応援で人生が変わることもあると実感しています。

旅人の日常②

　当時、本当にお金がなくて、1万円、2万円の家電製品を買うにも、1,000円ずつ、2,000円ずつ分割払いをするような生活でした。お金に苦労している母を見ていたので、お金がかかることは言えない、頼めない、といつも感じていました。

旅人のエピソード

　小学校高学年になり、家庭科の授業が始まるので、裁縫箱を注文することになりました。お金に苦労している母を見ていたので、5,000円も6,000円もする高価な裁縫箱を買ってほしいと言い出せず、注文をすることができませんでした。

　いざ裁縫の授業になると、購入した真新しい裁縫箱をみんなランドセルから取り出すのですが、私は当然持っていません。

　するとそれを見た担任の先生が、何も言わずに

　「○○君、待ち針が沢山あるから1本もらっていい？」

　「○○さん、糸が沢山あるから少し分けてもらっていい？」

　というように、クラスメイトからひとつ一つ中身を集めてくれ、外箱は、先生の娘さんが30年前に使っていたという箱を持ってきてくれました。

　そうして世界にひとつだけの私専用の裁縫箱が完成したのです。

　裁縫箱を持ってこれないことをとがめられる訳でもなく、そのことを母に問い詰める訳でもなく、ただただ黙って、裁縫箱を買えなかった私のために、クラスメイトに協力してもらって、裁縫箱を見繕ってくれたのです。

　母が苦労していることは知っていたし、一番に母を傷つけたくなかった、そんな気持ちを察してくれたのではないでしょうか。先生がしてくれたことは、将来私もこんな風に「困った人を助けられる人になろう」と思える大きなきっかけになりました。

旅人の日常

 母親と一緒にいると、すぐに喧嘩になってしまうので、なるべく家に居たくありませんでした。高校に入ってからは特に目標も見出だせずに、彼氏の家に泊まったり時には野宿をしたり、家に帰らなくても済む方法をいろいろと考えて、なるべく帰らないようにしていました。

そんな毎日を送る中で、次第に学校にも行けなくなりました。

旅人のエピソード

 高校生の時に妊娠して高校を中退しました。

その時は、そうするしかないと思っていたのですが、やはり将来のことを考えると、高校は卒業したいなと考えるようになりました。

出産してすぐに、元いた高校に電話をして「今後高卒を目指したいので、どうしたらよいか？」と相談しました。すると担任だった先生が、「ここの学校をもう一度受験して、再入学することができるよ」と教えてくれました。すでにある程度の単位を取れていたようで、「あと一年通ったら高校卒業ができるよ」と言われました。それから私は元いた高校に再入学して、実家の手助けを得ながら、子育てと学校を両立させて、高校を卒業することができました。

同じ学生の中には、偏見の目で見たり、中には復学に反対す

る先生も居たようでしたが、担任の先生は、「お前がしっかり勉強して卒業したら、この先お前みたいな若者がいた時に、道が開けるかもしれないんだから頑張れ」と応援してくれました。何十年も前のことですが、今でも覚えています。

旅人の日常

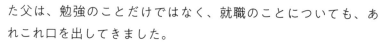

　中学生まで、決められたカリキュラム通りに勉強をしないと殴っていた父は、勉強のことだけではなく、就職のことについても、あれこれ口を出してきました。

　高校時代に進路を選択する際、私は看護師になりたいとずっと考えていたのですが、両親は看護師になることを大反対していました。看護師に対して良いイメージがなかったようです。

　また、本当は女の私には大学に行かず、早く働いてほしい、という考えもあったようです。

旅人のエピソード

　進路相談の時の話です。

　私は「看護師になりたいと思っているけれど、両親から反対されている」ということを進路指導の先生に話しました。すると先生は、「自分の行きたい道を目指しなさい。目標に向かって頑張りなさい」と応援してくれました。

　学校で無料の補講をしてくれたのもありがたかったです。両親から反対されたことも、それに対する反抗心が、逆に、やる

気に変わって良かったのかもしれません。応援してくれた先生の言葉に励まされたのは言うまでもありません。

旅人の日常

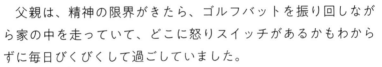

 両親ともに精神的な病気を抱えていました。夫婦喧嘩もすごくて、警察を呼ぶ事態になったこともあります。

父親は、精神の限界がきたら、ゴルフバットを振り回しながら家の中を走っていて、どこに怒りスイッチがあるかもわからずに毎日びくびくして過ごしていました。

年の離れた弟達のお世話は私がしていたので、夫婦喧嘩がエスカレートすると、弟達を連れて祖父母のもとに逃げる。そんな毎日が嫌でたまらなかったし、自分の両親のことは、「普通じゃない」と思っていました。

でも、弟達の世話は私がしないといけないと、いつも思っていました。

旅人のエピソード

 大学を卒業すると、私は家を飛び出して、親元を離れました。

親元を離れても親にされたことが尾を引いていて、そんな家庭に生まれた自分のことが嫌だったし、何をするにも自信が持てませんでした。

親元を離れてからヨガのお仕事を始めました。そこで出会っ

た先輩に、仕事のことや家庭のことをいろいろ相談したりしていたのですが、ある時「もう親のせいにするのはやめなよ」と言われて、ハッとしたことを覚えています。

　家庭環境が大変だから、私が頑張って家族の世話をしなくてはとか、犠牲になっている自分は不幸だなと感じていたけれど、自分を犠牲にして、誰かを幸せにするのではなく「これからは、自分が幸せになってから周りを幸せにする時代だよ」と言われて、私は自分が幸せになっていいんだな、と思うことができました。心にぱっと明るい光が差したような瞬間でした。

　ヨガのおかげで、自分を愛する、自分を大事にする、ということを学んだというのも大きかったです。私は私のままでいい、誰かのために頑張らなくていい、そんなことを教えてくれた先輩との出会いに感謝しています。

旅人の日常

　弟は知的障がいがあり、大人になっても、知能は5歳ぐらいの時点で止まるということを聞いていました。

　自分の子どもが生まれ、息子と弟が会話をしているのを聞いた時、弟の方が幼いなと感じたこともあります。見た目は普通なので、外からではわかりませんが、母はそういう弟をサポートするのに、毎日一生懸命でした。

　そんな母に、私はとても頼りにされていたように思います。当時、家族で出かけると、弟の子守は私の担当でした。

旅人のエピソード

 　母が買い物をしている間、弟をみ
ているのですが、弟は何がきっかけ
かわからないようなことで突然癇癪を起こしてしまい、床にひっ
くり返ったり、お店の物を投げたりと暴れまわったりすること
がありました。

　そんな弟をなだめていると、近くを通った人から「お姉ちゃ
んも大変ね」と声をかけられたことを今でも覚えています。今
でもはっきりその光景を覚えていることを思うと、きっとそん
な風に誰かに声をかけてもらえたことが、自分にとっては救い
になっていたんだと思います。

― 夢や目標を口にしてほしい理由 ―

　ヤングケアラーは、閉ざされた空間の中で、ケアの担い手として家族からも期待され、時には家族以外の人からも、そのような役割を期待されることがある。その期待に応えるため、自分が本当にやりたいことを諦めたり、無条件で諦めざるを得ないことがあったりということもよくあることかもしれない。

　しかし、自分の人生は一度きりなのだから、未来のために、何かひとつでもいい、小さなことでもいいから、挑戦してみたいこと、やってみたいことを見つけてほしいし、それが見つかれば、きっとその人の人生が開かれていくきっかけになるのではないだろうかと思う。

　家族以外の信用できる大人、目標となる大人と出会うことで、さまざまな価値観に触れ、こんな大人になりたい、こんなことをしてみたいと未来につながる種が見つかればいいし、見つけた種をふみつぶさないように、周りの大人が光をあて、一緒に水をやり、肥料をあげられる、そういう環境を作ってあげられたらなと思う。

　未来ある子ども達のために何かしたいと思っている大人は沢山いるし、応援したい大人達もいるが、子ども達は住んでいる世界が狭いので、出会える大人が少ないということはある。

　周りには沢山の大人がいるから、もし、何かやってみたいこと、興味があることが見つかったら、どうせ無理だと決めつけず、そんな夢や目標を臆せず口にしてほしい。

　言葉にすることで、応援してくれる人や、自分の助けになってくれる人が見つかると思う。たった一人でもいい。応援団との出会いが、きっと未来に花を咲かせられるきっかけとなるだろう。

家族の機能不全とその影響

～ヤングケアラーを生む家族が陥っている機能不全と、そのことが
ヤングケアラーに与える影響には、次のようなものがあります～

機能不全・影響 ⑳　夢や目標が持てない

　子どもは世界が狭く、大人と比べて社会経験が少ない。かつ、ヤング
ケアラーの場合、周りの大人も、自分のことに必死で、将来の希望につ
ながるような経験をさせたり、道しるべを示してあげられることも少な
いかもしれない。限られた経験の中では夢や目標を持ちにくいし、夢や
目標を持ったとしても、経済的な理由や時間的な制約で、それらを追い
求めることが困難であったり、諦めざるを得ない状況に陥ったりしてい
ることがある。

機能不全・影響 ㉑　社会の無理解（自己責任論）

　家族の世話は家族がするものというような自己責任論は社会に根深く
ある。そのために家族のケアや家族というものに縛られて、自分自身の
人生や自分らしい生き方をしたいと言い出しにくく、そのことが周りか
らも理解されにくい。

機能不全・影響 ㉚-1　意欲の低下

　やりたいことがあっても、家庭環境がそれを許さなかったり、周りの
理解がなかったりすることで、モチベーションもあがらない。どうせ
やっても無駄という気持ちになって意欲も低下する。

旅のガイド

🧭 夢を口にする

　ヤングケアラーは、自分自身が育った家庭環境から、将来に対して夢や目標を持つことができにくかったり、どうせできないと諦めてしまうことは多いかもしれません。

　私自身も夢や目標を持っていたけれど、周りの無理解であったり、環境が許してくれなかったりして諦めざるを得ないと考えたこともありました。でも、そんな環境から抜け出したいともずっと考えていました。

　福沢諭吉の『学問のすすめ』の冒頭にある「天は人の上に人をつくらず、人の下に人をつくらず」という言葉をご存知でしょうか。

　この言葉を知った当初、「人はみんな平等」という意味だと思っていて、実際には貧富の差だってあるし、恵まれている人、そうではない人もいるじゃないか、人はみんな平等なんて嘘だ、と思っていました。

　しかし単に「人間は生まれながらに平等であって、貴賤・上下の差別はない」という意味ではなく、「世の中には貧しい人もいれば裕福な人もいて、身分の低い人も高い人もいて、生まれ育った環境は、当然不平等である。しかしその不平等の差を埋めるためにも、勉強して自分を磨くことをお勧めする」というような意味があるそうです。

　「今の人生が嫌だ、今の人生を変えたいと思うなら、未来を変えるために勉強することが大事」、そんな風にこの言葉を受け取り、私も勉強を頑張ろうと決めました。私の場合、将来の夢が教員だったので、勉強＝学問でしたが、勉強というのは、机に向かってする勉強に限らず、スポーツでも音楽でも料理でも、学ぶという意味ではなんでもいいと思い

ます。

　何か好きなこと、熱中できることをひとつでも見つけられたらラッキー。心を動かせられる、目標にできる人との出会いがあればラッキー。こういう自分になりたい、こういう職業に就きたいという夢・目標それらをぜひ皆さんも持てるといいなと思います。

　確かに人はみな平等ではないし、貧富の差や家庭環境の差はあるかもしれないけれど「夢を持つ」ことは誰にでも平等に与えられた権利です。夢をもっていい人、持ってはいけない人などいないのです。そして夢を持つことはいつからだってできるのです。

　そして、やってみたいこと、目標とすること、夢ができたならそのことをぜひぜひ、口に出してほしい、と思います。

　言霊ともいうように、人は発した言葉に導かれて、言葉通りの未来が訪れるとも言われています。

　私は30代後半で、長年正社員として勤めていた会社を退職し、助産師を目指すために大学受験をすることを決めました。周りからは「どうせ無理」と思われていましたし、小さな子どもを2人抱えた状態で大学受験をすることは、自分でも無謀なチャレンジだなと思いましたが、言霊を信じて、「助産師になるために会社を辞めます」と、退職の挨拶をする時に、部員100人の前で宣言しました。
　口にしたことで、周りの人が応援してくれ、家族が応援してくれ、沢山の人に応援してもらいながら受験に挑むことができました。
　自分の人生の主役である自分が無理と思ってしまったら、現状は何も変わらないし、未来はそこで止まってしまいます。
　無理かどうかはやってみないとわからない。やる前に諦めるのではなく、やって後悔するぐらいの気持ちの方が後で振り返った時に、後悔が

少ないのではないでしょうか。

　夢ができたこと、目標ができたことだけでも、大きく一歩前進です。
そして、夢を口にすることで、必ず応援してくれる人や、自分の助けに
なってくれる人が見つかると思います。

　あなたに夢が見つかって、実現できることを応援しています。
　あなたにとっての、たった一人の応援団が見つかりますように。

周りの大人にできること

◎ ただ、ただ話を聞く

　ただ、ただ、否定せずに自分の話を聞いてくれる人の存在は、とても
大事です。
　誰にも言えないと思っているような話を告白した時、正論を言われた
りアドバイスを受けたりしても、そんなことは何の役にも立ちません。
　批判されたり、卑下されたり、話を聞いた人が、あまりに大変な状況
に、ショックを受けたりしてしまうと、それ以上、話せなくなるものか
もしれません。誰も人を傷つけること、傷つけられることは望んでいま
せん。自分が話したことで相手が悩んでしまったり、苦しんでしまった
りするなら、言わないで我慢しようと思ってしまうかもしれません。
　ですから、ただ、ただ、どーんと構えて、余計なアドバイスをせず、
まずは、淡々と話を聞いてあげてください。

　ただ、もし子どもが夢や目標を語った時には、声高らかに「口に出せ
たことはすごいこと。夢や目標は、口にしたときから未来への扉が開け
るんだよ」ということを伝えてあげてほしいです。

一緒に夢を応援する、応援団の一人になってほしいのです。

しかし時には、専門家によるアドバイスや、情報が必要なこともあるかもしれません。
どんな助けが必要だろう？
誰に相談しよう？
そんなことを一緒に考える、傍らにいる人になっていただきたいです。

子どもが自分で社会資源につながることはかなり難しいことです。まずは、子どもの話を聞ける、信頼される大人になることから。そして、子ども達から困りごとや要望を引き出すことができたら、必要な社会資源につなげたり、必要な情報を伝えてあげてほしい、そう願います。

🧭 大人も相談する

大人の私達も、何か困った時、不安がある時、相談できるような相手を見つけられるよう、相談できるようにしておきましょう。
子どもに「困った時には相談してね」「何かあったら言ってね」と伝えているのに、大人の私達が誰にも頼れない、相談できないと感じるような環境にあれば、本当の意味で、子どもを取り巻く社会は変わっていきません。
私達も、遠慮なく誰かに頼る・相談する練習をしましょう。そして、子どもに相談されたら「私が一人で解決できなくても、相談できる場所を知っているから安心してね」「一緒に考えてくれる人が沢山いるよ」と、大人の私達も、一人で抱えない、一人で抱えなくてすむと伝えてあげられたらいいな、と思います。子どもは大人の反応をよく見ています。私達大人も、自分の周りに応援団を見つけていきましょう。

就活・婚活
ジレンマ

人生の転機には必ずジレンマが訪れる

今私がこの家を出ていくことになったら

誰がこの家を守るんだろう？

やっぱりいけないや

就活・婚活ジレンマ

　家族のケアや、家族の調整役になることを役割としてきたヤングケアラーは、何かを判断する時、自分の気持ちよりも、家族がどう思うか、家族にどんな影響があるかを考えてしまう傾向にある。就職や結婚という人生における大きなターニングポイントにおいても、自分の気持ちや都合より、家族の気持ちや都合を優先してしまうように思う。

　また、家族もそれを期待しているところがあり、無意識にかもしれないが彼・彼女らを足踏みさせるような行動を取ったり、発言をしたりすることもある。

　ヤングケアラーは、就職や結婚で家族から離れ、ケアや役割を手放してしまうことは家族を見放すことになる、家族を見捨てることになる、と感じてしまい、家を離れたいが離れられない、というジレンマを抱えて生きている。

　また、家庭環境が就職や結婚に悪影響を与えることもあり、自分の力では変えようのないことで、未来の選択肢が狭まってしまうこともある。

旅人の日常

　アルコール依存症の父は、昼間から飲むようになり、母はパートをかけもちして家計を支えていました。父といる時間を減らすためか、母は仕事以外の時間も、外に出かけて家にいないことが多くなりました。

　2人が一緒にいると夫婦喧嘩になり、私はいつも仲裁役をしていました。母の愚痴を聞くことも多く、精神的に支えるという役割を担っていたかもしれません。

　また、自分でお金が稼げるようになると、親が払えない時には飲み代のツケを払ったり、家電や家具を購入する費用を出したり、できる範囲で家計を助けるようにしていました。

旅人のエピソード

　長年の夢だった教員になる夢を叶えるため、アルバイトをしながら予備校に通い、教育学部へ入学することができました。

　奨学金を受けつつ、アルバイトをかけもちしながら4年間を修了。教員免許も無事に取れました。

　大学4年生で就職のことを真剣に考えるようになった時、最初は目標とする教員になるため、教員採用試験を受けることを目指していましたが、教員として就職すると、最初の勤務地は僻地に派遣されることが多いため、実家を離れなくてはいけなくなることを知りました。

　実家を離れることで、いろいろな呪縛から解き放たれ、楽になるかもしれないけれど、経済的、精神的に、家族を支える役割を担ってきた私が実家を離れるということは、家族を見放すことになってしまうのではないか。家族を捨てるようなことになってしまわないか。そう思うと、実家を離れたいけど離れてはいけないのではないかと考えるようになりました。

　苦しい状況から逃げ出したいという深層心理から、県外の就職先を探して内定をもらい、その会社に就職すれば家を出ることが可能という状態になったのですが、悩んだ挙句、やはり実家を離れるという決断ができず、実家から通える地元の企業に就職を決めました。

旅人の日常

　父は他界していたので、祖母と母とで暮らしていました。祖母と母は犬猿の仲で、よく親子喧嘩をしていました。家の中では、私がみんなのクッション材になっていました。母と祖母それぞれの愚痴を聞いたり、喧嘩の仲裁に入ったりしていました。

旅人のエピソード

　家の中でクッション材の役割をしていた私は、自分自身の本音を誰にも話すことができず、とても苦しかったし、家を離れたいと常に思っていました。

でもそこから逃げ出すことは、母や祖母を捨てるような気がして、なかなか踏ん切りがつきませんでした。

就職する時も、家を出たい、でも離れられない、とずっと行ったり来たり、悩んでいたことを覚えています。

旅人の日常

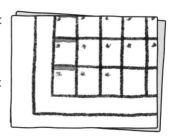

 弟には知的障がいがあり、家族でサポートをしていました。家族の障がいのことは、同じ小中学校に通っている人やご近所さんなど、身近な人は知っていたけれど、そうではない人にわざわざ話をするということはありませんでした。

旅人のエピソード

 就職は、家から通えるところを選びました。その会社にすごく行きたかった、というよりも、通いやすい会社、家族の世話と両立しやすい会社という視点で選びました。

他にいい就職先があったかもしれない、と思うこともありました。

内定をもらったあと、入社説明会があり、その説明会で「障がい者を雇用していくことも大事なこと」というような話が出ました。

説明会のあと、思い切って、弟のことを質問してみました。「弟には知的障がいがあるのだけど、そういう人もこの会社で雇うことがあるのですか?」と。

　すると「それは当然じゃない？なんでそんな質問をするの？」と言われて、これまで自分の中で感じていたわだかまりがすっきり取れたような気がしました。

　それ以来、何の抵抗もなく、家族のことを人に話せるようになりました。

旅人の日常

　これまで、小学校も中学校も高校も、すべて親が決めてきて、親が敷いたレールの上を歩いてきました。親の言う通りにしないと怒鳴られたので、期待を裏切らないようにして生きてきました。

旅人のエピソード

　いざ就職となると、急に「どんな仕事についてもいいし、好きにしろ」と言い放たれて、どうしたらいいかわからなくなりました。

　これまで、常に親が求めることをする、親が決めたことに従うという思考だったので、自分がやりたい仕事というのが浮かばず、本当は家を出たかったのだけれど、実家の仕事を継ぐために、大学を卒業後も実家に残りました。実家の手伝いだけでは収入も少ないし、震災で売り上げも落ちたので、アルバイトに出ることにしたのですが、父は、私がアルバイトに出ることに大反対。

　周りからどうみられるのかをとても気にしていたので、家業がうまくいっていないと思われたくない、というのが理由でした。

結局、そんな状況が続き、もうこのまま家業を続けていくのは
無理だと思って、実家を飛び出しました。

　自分で何をやりたいか、何が好きなのかが見つけられないまま
何となく再就職をしたので、仕事もうまくいかず、慣れない環境
で心も体も辛くて、その仕事も長くは続きませんでした。

旅人の日常

　父は働いていましたが、ギャンブ
ル依存で、稼いだお金を全部使いこ
んでしまうような人でした。お金が足りないと、私の貯金箱から
お金を取っていくこともありました。

旅人のエピソード

　高校は私立の学校に通わせても
らっていましたが、高校3年生の時
に、授業料が払えないと父と母が喧嘩をしているのを見て、自ら
中退をしてしまいました。

　授業料が払えなくて、学校を辞めざるを得なくなったことは、
誰かに相談することはできませんでした。

　年の離れた兄弟はいますが、もう家を出てしまっていて、相談
もできなかったし、助けてもらうこともできませんでした。

　高校を辞めてから、なかなか正社員で就職するということが難
しく、ずっとフリーターとしてアルバイトをしています。

旅人の日常

　父が亡くなったあと、母子家庭となりましたが、経済的には、祖父母の助けもあり、困ることなく生活はできていました。

　末っ子の私はとにかく母から溺愛されていました。

　父を亡くしたこともあって、母はいつも寂しそうだったので母が悲しむことはしたくない、寂しがらせたくないと常に思っていました。

旅人のエピソード

　社会人1年目の時に、帰りが遅くなることが多いからということで、会社の所有するアパートを借りることにしました。

　しかし母は、「寂しいから帰ってきて」とよく泣いていました。

　そんな姿をみて、私も母と一緒にいてあげたくて、その後、早々にアパートを引き払って実家に戻りました。

　その後、お付き合いする彼ができて、同棲の話や結婚の話もでましたが、私が家を離れるということに対して、とにかく母が寂しがっていたので、なかなか踏み切れませんでした。

旅人の日常

 　物心ついた頃から、父がしっかり働いている姿を見たことはなく、仕事に行っても休みがちで、せっかく見つけた仕事もアルコールが原因でクビになることもありました。

旅人のエピソード

 　長年お付き合いしている人がいて、そろそろ結婚を、という時期に差し掛かった時、相手の親御さんから「お父さんは何している人？」と聞かれました。

　「病気で働けていません」と伝えていましたが、いい顔はされず、面と向かっては言われませんでしたが、結婚に反対されていることがひしひしと伝わってきました。

　親の職業が結婚を左右する理由のひとつになる、ということは、とても悔しいことですが、現実問題としてありました。

― 就活・婚活ジレンマを抱える理由 ―

　就職や結婚というのは、その人にとってとても大きな選択で、人生にとって転機となる出来事ではないかと思います。

　ただ、その人にとって大きな選択をする際に、自分の希望や思いを優先させることができないということは、ヤングケアラーにはよくあることかなと思います。

　ヤングケアラーは、自分の気持ちよりも、家族がどう思うのか、家族にとってどうなのか、自分がこれまで通り、家族を支えることができるのか、という視点で物事を決めていくことも多いからかもしれません。

　結婚という新たな旅立ちにしても、家族から離れることが難しい、家族を見放すようになってしまうという理由で、結婚自体を躊躇してしまったり、家庭環境が原因で縁談がうまくいかなくなってしまうこともあります。

　このように家庭環境が複雑で、幼少期からその困りごとを抱えている人にとって、就活・婚活で抱えるジレンマは大きく、自分の人生なのに、自分が思うように選択できないことはとても苦しいことです。

　なかなかそのジレンマから逃れることは難しいかもしれませんが、自分にとっての大きな転機だからこそ、まず自分の気持ちや、やりたいことを大事にしてほしいと思います。

　人生一度きりだからこそ、自分の本当の願いを叶えられる選択をすること。少しでも後悔がないように生きてほしいなと思います。

家族の機能不全とその影響

～ヤングケアラーを生む家族が陥っている機能不全と、そのことが
ヤングケアラーに与える影響には、次のようなものがあります～

機能不全・影響 ㉒ 物事の判断基準が自分以外にある

　常に家族のケアをすることや、家族の調整役になることが自分の役割
としてあるので、家族がどう思うのか、家族にどのような影響があるの
か、を先に考えてしまい、自分の気持ちは後回しにして物事を判断して
いくことが多い。家族以外の人と接する時も、つい、相手の気持ちに添
うような判断をしてしまうことがある。

機能不全・影響 ㉓-1 共依存

　家族がその子どもに依存をしてしまう。
　ヤングケアラーも家族から頼られることに存在意義を感じるようにな
ると、依存されていることを負担に感じながらも、そこから逃れられな
い、という気持ちになってしまう。

旅のガイド

🧭 誰かに話してみる

　これまで周りから頼られてきたあなたにとって、誰かに頼る、相談する、ということは、とても難しいことかもしれません。自分が困っているということにも気付かないかもしれないし、いざという時、誰に相談したらいいのか、誰に頼ったらいいのかもわからないかもしれません。

　だからまずは、相談、ということでなくても、何かジレンマを感じていること、モヤモヤしていることがあれば誰かに話すことから始めてみましょう。

　人に話しているうちに、なぜ自分がモヤモヤするのか、どこにジレンマを抱えているのか、自分で気付くこともあります。

　言葉にすることで、自分の本当の気持ちに気付くこともあります。

　また、自分が抱えるジレンマやモヤモヤを誰かに話すことは、同じ思いをしている人の気付きにつながって、結果的に誰かを救うことになるかもしれません。

　自分のしてきた辛い経験、大変な経験そのものが、誰かを救っているかもしれないと感じられたとき、ジレンマやモヤモヤが昇華されるように感じることもあると思います。

　同じような境遇に置かれている人がいることを知ると、一人じゃないと思えるし、またそれがあなたの助けになるかもしれません。

　モヤモヤする、苦しい、と思ったときこそ、自分のそんな気持ちや経験を誰かに話してみませんか？

ピアカウンセリングという言葉があります。

「同じ悩みを抱えた当事者同士が対話を重ね、お互いに悩みを解決できるよう支え合うこと」を示しています。

　苦しいのは自分だけじゃない、仲間がいると思えること。

　ピアカウンセリングが、心の支えになることもあります。

　ヤングケアラー当事者・元当事者同士で交流ができる場所については、厚生労働省のホームページにも紹介されています。

- ・ふうせんの会
- ・Yancle community（ヤンクルコミュニティ）
　（一般社団法人ヤングケアラー協会）
- ・ほっと一息タイム
　（一般社団法人ケアラーアクションネットワーク協会）

などが掲載されています。

　私は、元当事者の語り手として「助産師ガンバの夢の話」というお話会を、ここ数年続けています（現在はタイトルを「人生いつからでも夢は叶う〜希望のバトンをあなたに〜」と変更しています）。

人生いつからでも夢は叶う〜希望のバトンをあなたに〜

🌐 https://www.instagram.com/ganba_dream/

　貧困、機能不全家族の中で苦しい子ども時代を過ごしていたけれど、学校という居場所があり、地域に見守られ、さまざまな社会資源を活用

することにより、救われたという経験やこれまで諦めていた目標に向かって30代後半で再チャレンジしたことについて話をしているのですが、ほとんどの方の感想が「話を聞いて勇気が出た、すごく救われた」というようなものばかりです。

「苦しい状況にいる子どものことが良くわかった。私もそんな子どもを助けられる人の1人になりたい」という感想も良くあります。

また、「これまで家族にも誰にも言えなかった」という過去のご自身の辛い経験を話してくださる方も多くいます。

勇気をもって話したことで、誰かの力になっているとしたら、私の経験は無駄じゃなかった、と感じられる瞬間です。

誰かに話す、誰かと話す、という、ただそれだけで、自分の未来に、誰かの未来に、希望のバトンを渡すことになるかもしれません。

周りの大人にできること

🧭 ジレンマを理解する

ヤングケアラーは、就職や結婚というような、自分にとって人生を変えるような大きな決断をする時ですら、自分自身の気持ちを一番には考えられず、その決断を家族がどう思うのか、この決断が、家族にどのような影響を与えるかというように、判断基準を自分以外に置くことが多くなります。

また、そのことで、自分の本当の気持ちとの間に葛藤やジレンマを感じ、その葛藤やジレンマをずっと抱えて生きていきます。

家族のことを、自分が何とかしなくてはいけないと思って生きているからこそ、自分中心に考えて行動しようとすることができず、そうしたいと願う自分の本心にふたをしてしまい、自分中心に考えようとすることに自責の念すら持ってしまうのです。

だからこそ、周りにいる大人が、ヤングケアラーが抱えるジレンマを想像し、理解してほしいと思います。自分の人生なのだから、自分の気持ちを優先して良いこと、家族の問題を一人で背負う必要はないこと、そんな言葉をかけて、背中を押してあげてほしいと思います。背負っているものをどうしたら少しでも軽くできるのか一緒に考えてくれるサポーターであってほしいなと願います。

　理解してくれる、理解しようとしてくれる人がいると思えるだけで、苦しい中でも温かい気持ちになれるものかもしれません。

希望のバトンをあなたに

「旅のストーリー⑥就活・婚活ジレンマ」でもご紹介している『助産師ガンバの夢の話』は、現在、タイトルを変更し、『人生いつからでも夢は叶う〜希望のバトンをあなたに〜』として、今後も開催していく予定です。

　このお話は、川崎市 PTA 連絡協議会の会員研修会でも取り扱っていただき、コロナ禍で動画配信され、沢山の方に、聞いていただくことができました。
　動画のエンドロールで流していただいた言葉をご紹介します。

　夢は誰だって自由に持つことができるし
　いつからでもいくつでも持つことができる。
　例え最終的に夢が叶えられなかったとしても、
　夢に向かって努力することは無駄にならない！
　そして、目標を持って頑張っていれば
　きっと周りには応援団が現れる

　苦しい時は苦しいって声をあげよう
　もし家庭内で解決できないことがあった時には
　周りを見渡せば、きっと助けてくれる人はいる

　人に助けてもらえたら、人を助けられる人になる
　人に愛してもらえたら、人を愛せる人になる

　誰かとの出会いで救われた
　誰かとの出会いで目標ができた
　そんな " 誰か " にとっての " 誰か " に自分もなれるかも
　と思ったら、これからの人生ワクワクしませんか！?

限界の扉が
開く瞬間

いつも誰かのために頑張る自分
時には自分自身を、意識して労わろう

えぇぇぇ えぇぇぇ えっ

泣き止まない

全然

えぇぇぇっ

あぁ肩が痛い…ねむいなぁ…

具合が悪いわけじゃ、ないよね…

ぱちっぱちっ

空調？暑い？どこか痒いのかな？

えぇぇぇぇ

オムツも替えたミルクもさっき飲んだばかり

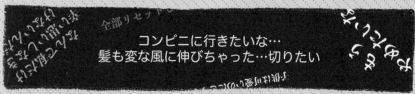

コンビニに行きたいな…
髪も変な風に伸びちゃった…切りたい

ぎゅっ

この子を守れるのは私だけなのに…

旦那は仕事だし実家は頼れない

すぴー…すぴー…

ハッ

えっ私今…寝てた？

122.

限界の扉が開く瞬間

　ヤングケアラーは、誰かを頼ったり誰かに依存したりした経験が少なく、誰かのケアをすることはあっても、自分自身がケアされることには不慣れである。

　日頃はそれで踏ん張れたとしても、何かのきっかけでバランスが崩れ、ピンと張り詰めたものが限界を迎えた時、心身に不調を生じることがある。

　例えば、出産育児でケアをする相手が増えるなど、心身や生活に大きな変化が生じたり、病気やケガで誰かに身の周りの世話をお願いせざるを得ない状況に陥った時など。

　もともと家族の中に、頼れる相手がいない状態で暮らしていて、それが日常になっているので、家族以外に助けを求めていいとも思えないし、誰かに頼ることも難しい。

　そんな状況に陥っていることを誰にも言えず、一人で抱えた結果、うつ状態になったり絶望的になったりすることもある。

　いつも誰かのために頑張るあなたこそ、時には自分の心や身体に目を向けて、意識的に自分自身を労わり、使える情報や社会資源を有効活用してほしい。

旅人の日常

　　実家から通える企業に就職。ご縁
をいただいて入った会社では、職場
の人間関係にも恵まれました。

　　数年後に結婚。第一子を出産し、産休・育休を迎えました。

　　本来子どもが大好きだったので、育児はとても楽しみでもあ
り、幼い頃から妹達の世話をしていて小さい子の世話は慣れて
いたので、子育てはうまくできるはずだと思い込んでいました。

旅人のエピソード

　　子どもが大好きで、子育ては楽し
いはずと思っていた私でしたが実際
の子育てはまったく別物でした。

　　子どもが泣く理由がわからず、どうしていいかもわからなく
て、四六時中抱っこ。泣いてばかりのわが子をあやすために、眠
れない、食べられない日が続き、げっそり痩せてしまいました。
気持ちも落ち込み、子どもと一緒に泣いたこともあります。

　　当時は、まだ「産後うつ」という言葉がメジャーではなかっ
たので自分でなぜそういう心境になるかわからなかったのです
が、今思えば「産後うつ」状態だったと思います。

　　そんな状態になってしまった理由はいろいろあると思います
が、ひとつには人に頼れなかったこと、相談できる先がなかっ
たこと。

　　これまで、誰かに頼る、甘えるということをせずに生きてきた

ことが多くて、なんでも自分でやらなくてはいけない、子育ても頑張って乗り越えなくてはならない、と思い込んでいたのです。

　あまりにも辛くて、この状況を何とかしたい、どうすれば子育てがうまくいくのだろうかと、ギリギリの精神状態の時に、市政だよりでたまたま見つけた育児相談に藁をもすがる思いで参加しました。

　参加したのはいいものの、どんな風に相談したらいいのかわからず、うまく言葉が出なかったのですが、職員さんに「お母さん大丈夫？」と声をかけられた瞬間、ポロポロと涙が出て、泣きながら話したことを覚えています。

　そこでは「もっと周りに頼っていい、子育ては一人で抱えこまずに、みんなでしていくものだから」ということを教えてもらいました。

　これまで、家庭の中の問題は自分達で解決しなくてはいけない、と思い込んできて、もちろん子育ても、親だから自分が頑張るもの、と思ってきたけれど、子育ては決して自分だけで抱えるものではなく、社会全体で育てていくものなのだ、ということに気付かされた出来事でした。

　その後、これまで頼ってはいけない、甘えてはいけないと思っていた母親にも少しずつ助けを求められるようになり、家族を巻き込んで子育てをしていく中で元気を取り戻していきました。

　そこから、子育ては一人で抱えるものではない、大変な時には助けを求めていい、そんなことを伝えていきたいと思い、助産師を目指しました。看護大学で勉強する中で、改めて産後うつになる背景についても学び、産後うつには生育歴も大いに関係していることを実感しました。産後うつはとても辛い経験ではありましたが、助産師という仕事を目指す大きなきっかけになったし、家族関係を見つめ直し、家族関係を再構築するきっかけにもなったように思います。

旅人の日常

実家にいた時は、私が家事全般を
担っていました。結婚して実家を出
てからも、度々実家の用事で呼び出されて、家事の手伝いをす
ることがあったので、もし妊娠したとしても、里帰り出産を含
め、実家に頼ることはできないと考えていました。里帰りをし
たら、育児を手伝ってもらうどころか、かえって家事をやらさ
れると思っていました。

旅人のエピソード

結婚3年目に妊娠。産院の予約も
しました。実家との関係は相変わら
ずだったので里帰りをするつもりもないし、産後は実家に頼ら
ずに子育てをする予定だったのですが、初めての出産育児で不
安がなかったわけではありません。

　母子手帳をもらいにいった時、妊婦面談があったのですが、里
帰り出産をするのか、産後のサポートはあるのか、などいろい
ろと聞かれたので、実家には帰らずに育児をすることや、夫の
仕事の帰りが遅く、ワンオペになることなどをお話ししました。

　妊婦面談では、産後に助産院で産後ケアを受けられたり、家
事サービスや育児サービスがあったり、産後使うことができる
いろいろな支援について教えてもらいました。

　妊娠するまで知らなかったことばかりだったので、妊娠中か
ら事前登録できることはすることにしました。実際にはほとん

ど使うことはなかったのですが、いざという時に使えるサービスがあることを知ったのは安心材料になりました。

旅人の日常

　両親は夫婦喧嘩ばかりで、警察沙汰になることもありました。父親は、思い通りにならないことがあると突然暴れるし、母親は過干渉気味で心配性だったので、心配させないように、発言に気を遣う必要があって、両親との距離感が難しく、家の中でもほっとできる時間がなかったように思います。

旅人のエピソード

　「普通の家庭」「普通の子育て」がわからなくて、自分自身の子育ても、どんな風にしたらいいのかわかりませんでした。結婚後、しばらくして子どもが生まれました。

　「普通の子育て」はわからないけれど、やっぱりわが子には愛情をもって育てたいという想いは強くありました。実は夫も複雑な家庭で育っていたので、2人で何とか「普通の家庭ってどんな感じなんだろう」、「普通の子育てってどんな感じなんだろう」と、一生懸命模索しながら協力していました。

　実家に頼ることはできなかったけれど、夫と一緒に悩みながら子育てができたことは心強かったです。

旅人の日常

　実家にいた頃は、仲が悪い祖母と母の仲介役、クッション材の役割をしていたので、結婚して家を出たことで、家族とは関係が悪くなりました。私が祖母や母を見捨てた、というような感覚に陥っていたのかもしれません。

　出産後も、帰ってくるなというようなことを言われていました。

旅人のエピソード

　里帰りができなかったので、産後も頼る人がいなくて、心置きなく帰れる実家がある人は羨ましいなと思っていました。

　産後はがむしゃらに育児をしていましたが、相談する人もおらず、愚痴をこぼせる人もおらず、孤独な子育てをしていました。

　産後1ケ月半過ぎた頃、助産師さんが赤ちゃん訪問に来てくれました。地域には、子育て支援センターなど赤ちゃんを連れて出かけられる場所があると知り、とても緊張しましたが、ワンオペ育児が辛かったこともあり、思い切って行ってみました。

　そこで施設の職員さんに、育児が大変なこと、実家に頼れず孤独な子育てをしていることを聞いてもらって、とても安心したことを覚えています。

　地域で開かれているママ向けのサロンの情報ももらったので、行ってみたら、同じように実家が遠方で、里帰りができていないママと出会うことができました。

旅人の日常

　小さい頃から、弟の世話を任され
ていて、母親からも「お姉ちゃんだ
から」と頼られていました。母親は弟の世話などが大変だし、自
分はしっかりしなくてはいけない、母親に甘えてはいけない、と
思っていたので、母親には精神的には頼ったことがなかったで
す。何か悩みがあったとしても、一番大事な部分は話せていな
くて、何となく、弱みを見せられない、見せてはいけないと思っ
ていたところがありました。

旅人のエピソード

　実家の近くに住んでいたので、産
後は、母親に家事を頼むとか、物を
買ってきてもらうとか、物理的なことは頼ったりすることがで
きたのですが、育児で悩んでいたり、悶々としていることなど
胸のうちについては、どうしても話すことができませんでした。
　そういう時は同じ思いを共有できるママ友が心の支えでした。
あとは、SNSで遠くにいる友達に話を聞いてもらったりしてい
ました。話してストレスを発散するタイプだったので、育児の
ことを話せるママ友がいたことは、とても心強かったです。
　私の住んでいる地域には、ママが集まれる場が沢山あったこ
ともとても助けられました。

━━ 意識して自分を労わる理由 ━━

　ヤングケアラーは、家族の中で、ケアの担い手となっていることから、誰かのケアをすることには慣れていても、自分がケアされることには不慣れである。

　自分自身が元気な時、余力がある時にはそれでも乗り切れるのかもしれないが、さらにケアが必要な家族ができたり、自分自身が病気やケガをした時は別である。

　そもそも、誰しも、妊娠出産育児は、誰かの助けを必要とする。生まれてくる命を守るという大きな使命、一人の人間の人生に、自分の在り方・育て方が影響を与えるのではないかという重圧。

　特に初めての子育ては、右も左もわからない状態で、誰かに聞いたり、頼ったり、時にはケアを委ねたりできることが子育てを少しでも楽に楽しくできることにつながると思うが、家族のケアをしてきた人にとって、自分自身のケアや、自分の新しい家族のケアを、誰かに委ねられないことが多い。

　誰かに頼る、という経験も余りしていないし、そもそも頼れる相手がいない、頼れる相手が見つけられないという状況に陥る。

　地域に出てみれば、家事育児サービスや子育て支援センターなど多様な子育て世代向けのサービスがあるものだが、そもそもそのようなサービスがあることを知らないので使えない。また、そのようなサービスは、誰もが使っていいものでもあるが、サービスを使っていいのだ、と思えないこともある。

　子育ては誰かに支えてもらうことが大切で、助けてもらっていい、大変だと声をあげていいことをもっと知ってもらえたらと思う。

　子どもは社会の宝であるのだから、いろいろな人の手を借りながら複数の見守りの目がある中で子育てをしていく方が、子どもにとっても、親にとっても、豊かな子育てライフになるのではないだろうか。

　これまで人に頼られてきて、色んな荷物を背負ってきた人こそ、時には自分を意識的に労ってほしい。

家族の機能不全とその影響

〜ヤングケアラーを生む家族が陥っている機能不全と、そのことが
ヤングケアラーに与える影響には、次のようなものがあります〜

機能不全・影響 ㉔ 人に頼れない

　家族に頼られる存在、依存される存在であり続けたことで、自分が誰
かを頼る、誰かに甘えるということができず、何事も自分で抱えてしま
うことが多い。

　誰かに身を任せる、誰かを信じて委ねるということも難しい。

機能不全・影響 ㉕ メンタルの不調をきたす

　家族のケアを担ったり、家族に対しての責任を感じたりと、大きな荷
物を背負ってストレス状態が続いているため、さらに大きな課題を抱え
ることになると、ストレス過多となり、メンタルの不調をきたすことが
多くなる。

　不登校、うつなどになることもある。

旅のガイド

🧭 手放すことを知る

　日本では、出産すると、実母などの身近な人に、産後の手伝いをしてもらう風習があります。出産後の退院先は、半数以上が褥婦の実家であり、主な援助者は、半数以上が褥婦の親（新生児の祖父母）というデータも出ています。

※系統看護学講座 専門 母性看護学各論 母性看護学2 P370

　しかしながらヤングケアラーは、家族のケアをしてきた立場であり、家族からケアをしてもらえる環境になく、現実問題家族を頼れないことが多いのではないでしょうか。

　家族からのサポートが十分に得られない場合、例えば家事であれば、一部を外部に委託したり（産前産後ヘルパーの利用や家事代行サービスの活用、宅配・ネットスーパーの利用など）、育児であれば負担軽減のためにベビーシッターや一時保育を利用したり、母親自身の心と身を休めるために産後ケアを活用したりと、使える社会資源は、十分とはいえないまでもいろいろと用意されてはいます。しかし、それらの資源を使ってもいい、使ってみよう、と思えるまでには大きな心のハードルがあるかもしれません。

　これまで、いろいろなことを背負って、抱えて生きてきた人にとって、抱えているものを手放すことはとても難しいことだからです。

　自分の家族のことだから、自分がやらなくてはいけない
　自分の家族のことだから、自分が頑張らなくてはいけない

かつての私もそうでした。

でもそんな気持ちを、少しだけでも手放すことができたら。

大変な時は、期間限定でもいいから、誰かに頼ってみる

今を乗り切るために、使えるサービスはなんでも活用する

という気持ちを持つことが大切ではないかと思います。

誰しも人に支えられて、補い合いながら生きています。

あなた自身も、誰かに支えられていいし、甘えていいのです。たった一人の力でできることなんて限られているのだから、助けてくれる人を自分の周りにどれだけ作れるかが生きていく上では大事なことではないかな、と思います。

誰だって、人生に疲れることもあります。私も高校時代、不登校という形でそれが現れたことがありました。精神的にも落ち込みがすごく、うつっぽかったな、と思います。

今となると「疲れていたんだな、それはそうだよね」と思えるけれど、当時はなぜ自分がこんな気持ちになるんだろうと思い悩み、元気が出ない、やる気のない自分にも、悶々としていました。

今思うのは、誰にだって、人生に疲れることだってあるということ。

それまで頑張った自分を認めて、少しゆっくり休みましょう。

頑張らない自分も OK。自分で自分にはなまるをあげてほしいです。

そのままでいい、そのままで、あなたはあなた。

🧭 限界まで頑張らない

　日本における産後うつ病の割合は9%で、約10人に1人の母親が産後うつ病になる可能性があるといわれています。産後うつ病の危険因子＝産後うつ病になりやすくなる原因として「うつ病の既往歴や、マタニティーブルーズ、ソーシャルサポートの欠如、育児不安、未婚、親からの否定的な養育などがある」とあります。

※系統看護学講座 専門 母性看護学各論 母性看護学2 P544

　私は自分自身が産後うつ状態になったことをきっかけに、その原因や対処方法を学ぶことで、これから母になる人や母になった人を専門家として支えたいと思って助産師を目指しました。

　そして看護学生時代は、産後うつについて知るために、さまざまな文献を読み、卒業研究でも産後うつを取り扱いました。産後うつになる原因は実に複合的でひとつではないけれど、やはり、産後、家族からのサポートが受けられない場合にはリスクが高いことを知りました。また、気質としてなりやすい人は「几帳面で責任感が強く、他人に任せることができない人」が多いとも言われていて、「他人に任せることができない」のは、まさにヤングケアラーの気質だなと思いました。

　妊娠すると、妊婦面談で、産後手伝ってくれる人がいるかを聞かれたり、精神科の受診歴を聞かれたりするかと思います。

　産後は、エジンバラ産後の健診（産婦健康診査事業）によるEPDS（エジンバラ産後うつ病質問票）を用いたスクリーニングが実施されることもあります。

　これらは産後うつになるリスクが高いか低いか、今の精神状態がどうなのかを判断する材料のひとつにはなりますが、そういったリスクや精神状態についてジャッジすることが目的ではありません。

　リスクが高いことをあらかじめ把握したり、早めに知ることができたら、事前に準備できることがあるかもしれないし、困った時に早めに対

処ができるので、そのために活用できるツールのひとつとなり得ます。
　リスクが高いことがわかれば、限界まで頑張らないこと。早目早目に周りでサポートしてくれる人を作ること、いろいろな制度を活用することなど、心の準備をしたり環境を整えることができます。

　自分のことを良く知ることは、より楽に、幸せに生きるために大切なことでもあります。

　子育てに関しては、国の施策など、専門的な支援制度を挙げればきりがないのですが、日本では、妊娠期から子育て期の切れ目のない支援体制を整備しようとさまざまな取り組みがなされています。
　近年、経済的な支援も含め、こんな事業も始まっています。こちらは川崎市の例ですが妊娠届出からすべての妊婦・子育て家庭に寄り添い、継続的に相談に応じる「伴走型相談支援」と「経済的支援」を一体とした出産・子育て応援事業を実施しています。

出産・子育て応援事業（国の出産・子育て応援給付金）
🌐 https://www.city.kawasaki.jp/450/page/0000146038.html

　国をあげて「すべての妊婦・子育て世代が安心して出産・子育てができるように環境整備をしよう」と動いているのですから、「子育ては一人で抱えず、地域社会で見守るもの」なのです。
　どうぞ沢山のサポートを、遠慮なく活用してください。
　産後うつの症状には、不眠、眠りが浅い、気力が湧かない、強い不安を感じる、食欲不振、涙もろい、笑顔が少なくなる、子どもをかわいいと思えない、自傷や自死を考えることがあるといった症状があります。症状には個人差がありますが、これらの症状が2週間以上続く場合は、産後うつの可能性が高まります。
　産後うつかも、と思ったら、まずは出産した産婦人科や保健センター

に相談してみましょう。場合によっては、心療内科や精神科の受診が効果的なこともあります。一人で抱えずに、相談しやすいと思えるところに状況を話し相談してみると、助けになるアドバイスや情報を得ることができます。他の病気やケガと同じように、症状がひどくなる前に早め早めに対処することで回復も早まります。

周りの大人にできること

✇ 大人になっても苦悩が続いていることを知る

「ヤングケアラー」は、18歳未満、おおむね18歳～30歳代くらいまでを「若者ケアラー」、40歳代以上になると「ケアラー」などと区別して呼ばれることがありますが、一定の年齢を過ぎたら、それまで抱えていたケアの必要性が突然なくなったり、問題が解決したりする訳ではありません。

　幼少期から、家庭が安心安全な居場所という機能を満たしていない中で育つヤングケアラーは、いろいろな苦悩・生きづらさを抱えてしまうこともあり、それは大人になってからもずっと続きます。

　ほんの一例ですが、この章でもあげたように、それまで見えなかったものが、産後うつという形で表に現れることもあります。

　周りの人は、そのように、ヤングケアラーが抱えている苦悩・生きづらさはずっと続いていくことをぜひ知ってほしいと思います。そのことを理解をしてくれる人が一人でも多く周りにいることが大切です。

　だからこそ、子ども時代に、子どもが子どもとして扱われること、地域社会に見守られ、支えられたという経験を積むことがその人の人生において、とても大切なのです。

子育て支援・家事支援

　文中に出てくる子育て支援サービスや家事支援サービスについて補足します。これもあくまで一例で、料金や利用条件も異なります。利用前に、お住まいの自治体でご確認ください。

◆新生児訪問事業や乳児家庭全戸訪問事業（無料）

　生後4か月を迎えるまでの新生児・乳児がいるご家庭を対象に、保健師・助産師などが家庭訪問をします。発育状況の確認、育児に関する不安や悩みの傾聴・相談、子育て支援に関する情報提供などを行います。

◆公的機関が行う育児相談や産後相談（無料）

　保健センターなどの公的機関では、保健師・助産師・栄養士・歯科衛生士など専門職者による育児相談や、産後の健康相談を行っています。また、保育園や、地域子育て支援センターなどで行っているところもあります。

◆産後ケア事業（有料・減免制度あり）

　出産後、家族からの育児サポートが得られない・心身の不調がある・育児不安があるという方を対象に、心身のケアや育児の支援を行うもので、宿泊型（産後ケア入院）・デイサービス型（来所で日中利用）・アウトリーチ型（看護職者が家庭訪問をする）と3種類の形態があります。市町村の事業になっているため、利用条件なども市町村で異なります。利用料金は公費からの補助がありますが、補助金額もお住まいの地区により異なります。住民税の非課税世帯、生活保護世帯などには減免制度もあります。

◆産前・産後支援ヘルパー派遣（有料・減免制度あり）

　母親が出産前後で体調不良等のため、育児や家事を行うことが困難な家庭にヘルパーを派遣し、育児や家事等をお手伝いし、子育てを支援することを目的としています。

　自治体ごとに利用要件や料金、サービス内容が異なりますが、授乳やオムツ交換、沐浴介助といった育児に関するものから、食事の準備や後片付け、衣類の洗濯や補修、生活必需品の買い物など家事に関するものなど、いろいろなことをお願いすることができ、料金もリーズナブルです。生活保護受給中の世帯又は世帯全員が市民税非課税世帯に属する場合は、利用料が免除（無料）になります。

旅のストーリー⑧

心の氷に
お湯

困った時に助けてくれる大人はいる そう信じられることが生きる力に

どうすれば…
助けて誰か！

幸せの青い鳥
どこに行っても
どこを探しても
見つからない

夢!?

こういうのも
ありますよ

！

す

？

ポン

もしかしたら
求めているものは
思いの他
すぐそこにあったり…

するかもしれません

心の氷にお湯

　ヤングケアラーを生む家庭では、当然ながら、子どもを庇護する家族機能が脆弱である。

　また、家庭内の問題を家庭内だけで抱え、地域から孤立していることが多いため、周りからさまざまな情報も入ってこないし、その結果、活用できる社会資源につながることも難しい。ましてや、そんな家庭の中で暮らす子どもは、大人以上に、社会資源にたどりつくことはできないし、必要な情報にアクセスすることすらできない。

　そもそも子どもは家族以外の大人とつながりにくいので、自分から大人に助けを求めることも難しい状況にある。

　だからこそ、子どもの周りにいる大人達が、子どもの様子を観察し、困りごとを敏感にキャッチし、いかに手を差し伸べられるかどうかが、その子の未来にとってとても大切になる。

　固く閉ざした氷のような心に、お湯をかけて溶かしてくれる大人の存在。子どもの周りにそんな大人を沢山つくっていきたい。

　困った時には助けてくれる人がいると信じられることが、その子の生きる力につながるのではないか。

　子どもが子どもとして守られ大切にされる社会になりますように。

旅人の日常①

　中学生ぐらいから自分が使うタンスなどの家財道具や洋服もお年玉やお小遣いを貯めて購入していました。

　予備校代は高校時代にもらっていた奨学金とアルバイトで支払い、大学も奨学金をもらいながら、アルバイトに明け暮れる毎日。授業料、教科書代、食費、運転免許を取るお金、バイク代などなど、あらゆるものを自分で賄っていくのは、大変でした。

　そんな風に、常にお金のことばかり心配していたので、安心して学業に専念できる状況にありませんでした。いつも家計のこと、生活のことを考えていたように思います。

旅人のエピソード

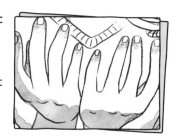

　高校時代のエピソードです。公立の高校に進学しましたが、学費を賄うために、奨学金の申請をしていました。後日、なぜか担当の先生から職員室に呼び出されました。

　奨学金の申請には親の年収を書く欄があったのですが、先生はあまりの年収の低さに驚かれたようで、その年収で家族がどんな暮らしをしているのか？ ということを聞かれたのです。わが家が経済的に困窮していることは肌で感じてわかっていましたが、友達の親の年収を聞いたこともなかったし、他の家庭と比べてどれだけ年収が少ないかは知る術もありません。どうや

らわが家の年収は、一般家庭の年収の3分の1、4分の1しかなかったようです。

そこで先生は、経済的困窮を抱えた家庭の生徒を対象とした授業料免除の制度があるということを教えてくださり、「あなたの家庭だったら使えるからすぐに申請しなさい」と申請書を渡してくれました。

当時、学校で一人だけが授業料免除の対象だったそうですが、おかげで、その制度を活用させてもらうことができました。授業料免除の説明は、過去にお便りなどでされていたかもしれませんが、母親は忙しくて目を通すこともできていなかったし、そのような制度があることもまったく知らなかったそうです。

いろいろな支援があっても、自らその情報をキャッチできない中で、このような情報を届けてくれる先生の存在に救われました。

旅人の日常②

 小学校低学年まで、覚えているだけで6回の引っ越しを経験しました。たった1学期間しかいなかった学校もありました。

ある日、家に帰ったら、目の前にトラックが止まっていて「今から引っ越すよ」と言われ突然引っ越しをしたこともあります。そんな風に、居所が定まらない生活を何年も続けていました。

母親は引っ越した先々で、昼夜問わず働きに行っていたので、夜も子ども達だけで留守番をするということもあり、妹は母親が夕方から仕事に出ていくのを泣きながら見送ることもありました。

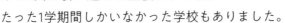

旅人のエピソード

 私が小学校3年生の時のことです。ある日、民生委員さんが母がいる時に家を訪ねてきてくれました。

「小さい子どもだけを家に残して仕事にいっているようだけど、どういう事情があるの?」と母に尋ねました。母は、「生活のために昼夜を問わず働いているが、近くに親戚もおらず、誰も子どもの面倒を見てくれる人がいないので、子どもだけで留守番をさせている」、と民生委員さんに話しました。

すると、民生委員さんが「母子家庭の状態にあるのだから、母子家庭手当をもらってはどうか? また、母子家庭が入居できる団地もあるからそこに申し込んでみてはどうか?」と教えてくださいました。

母は仕事が忙しくて家にいないばかりでなく、引っ越しばかりでご近所づきあいもほとんどなかったため、誰かに今困っている状況を伝えることもできなかったし、そもそも母子家庭手当というものがあることすら知らずにいたようです。

子どもの私達は、当然そんな制度があることすら知らなかったので、民生委員さんのおかげで、生活の立て直しに必要な情報を得ることができ、地域にもつながりを作ることができました。

その後、母子家庭手当をもらうことができ、県営団地にも入居できたことで、母は仕事の量を減らし、夜は家にいて、私達と一緒に過ごすことができるようになりました。

大人ですら、必要な情報が得られずに困っている状況から抜け出せないのですから、子どもの力では、とうてい解決できない問題が多いと思います。地域の見守りというのは、本当にありがたいと感じています。

旅人の日常

 両親ともに心の問題を抱えていました。父親は仕事をしていたけれど、ギャンブル依存だったので、あればあるだけお金を使いこんでしまうという状態。母親は、いつも口を開けばお金がないと言っていました。

旅人のエピソード

 私立の高校に通っていましたが、いつもお金のことで喧嘩している両親が、ある時「こんなんじゃ学費も払えない」というようなことを話しているのを聞いて、このまま高校を続けることはできないんじゃないかと考えるようになりました。

　成績も良い方でもなかったし、高い学費を払ってまで通っても意味があるんだろうか、と漠然と悩んでいました。

　でも、このことを周りの友達にも誰にも相談することはできなくて、それから何となく学校も休みがちになってしまって、結局高校は中退してしまいました。

　大人になって、奨学金や授業料免除の制度など、お金がなくても学校に通う方法があると知りましたが、当時はもう私が高校を辞めるしかないと思い込んでしまっていました。あの時、誰かに相談できたらよかったのかな、とふと思うこともあります。

子どものいる世帯の平均年間収入	約814万
母子世帯の平均年間収入	約373万
父子世帯の平均年間収入	約606万

厚生労働省まとめ（2020年）

　母子世帯の年収は一般の世帯の半分以下ということがデータでわかっています。一方で、大学に進学する場合、初年度に納付する学費は、国公立大学で約80～100万円、私立大学（医薬学部を除く）だと約120～160万円が平均的です。とても楽に払える額ではありませんよね…。

旅人のエピソード

　喧嘩の発端は本当に些細なことだと思うのですが、何かのきっかけで、父が暴れ出し、両親は取っ組み合いの喧嘩に発展することがよくありました。

　家のガラスは割れるし、あまりにも怖くなって、警察を呼んだこともありました。受話器を持った時の、あのドキドキはいまでも忘れられません。

　いつ、どこで父のスイッチが入るかわからないので、家の中でも、いつも緊張していた気がします。でも、どんな時に、どんな風に、誰に何と相談していいのか、子どもの自分にはわからなかったです。唯一近所に祖父母の家があったので、いざという時には兄弟を連れて逃げ込むことができました。

旅人の日常

 仕事柄、家庭に複雑な事情のあるお子さんと出会うことも多いのですが、これまで出会ったお子さんの中で、とても印象に残っている子がいます。その子は祖父母と暮らしていましたが、家の中はゴミ屋敷で、周りから見たら、とても安心して暮らせるような環境ではないのではないか、と感じていました。

旅人のエピソード

 ある時、児童相談所の職員が介入し、その子は施設に引き取られることになりました。職員が迎えに行くと、その子が「嫌だ、行きたくない。ここにいたい」と抵抗して泣きじゃくっていたことが記憶に残っています。

　ゴミ屋敷で、周りから見たら、子育ての環境として良くないと感じたとしても、もしかしたらその子にとってはそこが安心できる場所であったのかもしれない。施設は子どもの安全を守るために必要な場所かもしれないけれど、子どもの安全だけではなく、安心を守るってどういうことなんだろう？と深く考えさせられました。

　その子自身が納得できる方法を選べる、周りの大人はそこをサポートできるということが大事なのかもしれないな、と感じます。

子どもの周りにいる
大人の存在が大切な理由

　例えば、経済的に困窮している家庭の子どもが進学をしたいという場合、奨学金や授業料免除の制度など活用できる資源はいくつかある。しかし、親が休みなく働いていたり、家族のケアに追われていたりする場合、周りの人との関係性を築くことも難しく、相談できる人が見つけられなかったり、相談できる場所も知らないため、必要な情報を得られず、その結果、せっかくある資源を使うことができないという状態になる。大人だってそうであるのだから、ましてや子どもは当然ながら社会経験が少なく、生きている世界が狭いので家族以外で出会える大人も限られているし、入ってくる情報も乏しい。何か困りごとがあっても、それを言語化してうまく人に伝えることも難しいし、身近に相談できる相手も見つけられないことだってある。だからこそ、子どもの周りにいる大人達が、子どもの様子を観察し、困りごとを敏感にキャッチできるかどうかが、その子の未来にとってとても大切になる。

　その子がどんなことに困っていて、必要としていることは何か、どのような支援につなげられるか。子どもの未来は、子どもの周りにいる大人達の手にかかっているといっても過言ではない。

　見えにくい家族の中の問題ではあっても、子どもの表情や反応、知り得る限りの情報から家族の困りごとを推測することはできるかもしれない。

　誰かに助けられたという経験は、その子にとって「社会への信頼感」を感じられる大きな経験となる。世の中捨てたもんじゃない！きっと、困った時には助けてくれる人がいる、と感じられることが、生き抜いていく上で必要な力になるのではないだろうか。

　子どもの周りに、そんな大人を沢山作りたいし、子どもがそんな信頼を寄せられる大人と出会える場が増えることを願っている。

家族の機能不全とその影響

~ヤングケアラーを生む家族が陥っている機能不全と、そのことが
ヤングケアラーに与える影響には、次のようなものがあります~

機能不全・影響 ❽ 情報の貧困

　家族のケアに忙しかったり、生活のために仕事をすることに忙しかったりすると、自分の助けになるような情報を自ら得る余裕もなく、情報の貧困に陥ることが多い。

機能不全・影響 ㉖ 経済的な貧困

　家族のケアと仕事の両立をすることはとても困難で、仕事ができなくなったり、減らさなくてはいけなくなったりする。その結果、経済的にも困窮してしまう。

機能不全・影響 ㉗ 困りごとが外から見えにくい

　家庭内で起きている困りごとは外から見えにくいし、家庭内のことを周りに相談できない、相談してもいいと思っていないという心理状態などもあり、なかなか行政や地域の支援が受けにくい。ましてや子どもは自分から情報にアクセスしづらく、家庭の中で困りごとをさらに誰にも言えずに抱えてしまっている状態に陥る。

旅のガイド

🧭 誰かに相談してみる

　あなたは誰かに頼みごとをされたときに、どう感じますか？

　こんな面倒くさいことを頼むなんて、と怒るでしょうか？ しょうがないな、と思いながら、お手伝いしてあげるでしょうか？ 実は誰かに頼る、ということは、「あなたに助けてほしい、あなたの助けが必要です」と、相手を信頼し、認めていることになるのではないかと思います。逆にいうと、誰にも頼らないで自分一人でやろうとすることは、自分以外の人を信用していない、自分以外の人を認めていない、ということにもつながるのではないか、そしてそのことからさらに孤立を深めてしまうことになるのではないかとも思います。

　誰にも頼らずに自分一人でやる、自分一人でやれる、そんな雰囲気を出している人には、誰しも余計なお世話かな、となかなか手を貸しづらいものです。

　私は、幼少期の自分自身の経験からも、そして成人して、さまざまな子育て支援の活動をする中でも、困っている子ども達を何とかしたい、何とかしようと一生懸命考えている大人達が沢山いることを知っています。大人達にとって頼られること、相談されることは嬉しいことです。だから、もしあなたが助けを求めることができたら、助けてくれる大人が周りにいることを知ってほしいと思います。

　私は、幼少期に周りの大人に助けてもらった経験があるからこそ、次世代の子ども達に恩送りしたいとも思っているし、子ども達が地域や学校で、信頼のおける大人達と出会える場所作りをしたいと思うようになりました。

　人はやはり、「社会の中で誰かの役に立てている」と感じられることが、究極の存在承認、人生の喜びになるのかもしれないなと思います。結局、人が人間社会で生きている意味はそれだ、と話す人はとても多いです。

　そうして人は、社会の中で、誰かに支えられ、誰かを支え、と循環していくものなのではないでしょうか。

　ぜひ、勇気を出して、困った～と声をあげてみてください。

　ぜひ、勇気を出して、悩んでる～と声をあげてみてください。

　きっとあなたの周りに応援団が現れる、そう信じています。

相談できる場所、相談できる相手

～これはほんの一例です～

〇学校の先生、養護の先生、スクールカウンセラー

〇市役所や区役所の相談窓口　（子供家庭支援センターなど）

〇児童相談所相談専用ダイヤル
　児童相談所は、都道府県、指定都市等が設置する機関で、子どもの健やかな成長を願って、ともに考え、問題を解決していく専門の相談機関です。虐待の相談以外にも子どもの福祉に関するさまざまな相談を受け付けています。
　電話番号：0120－189－783（フリーダイヤル）
　　　　　　　　　いちはやく　おなやみを
　受付時間：24時間受付（年中無休）※令和3年7月から無料化

〇24時間子供SOSダイヤル（文部科学省）
　いじめやその他の子供のSOS全般について、子供や保護者などが夜間・休日を含めて24時間いつでも相談できる、都道府県及び指定都市教育委員会によって運営されている、全国共通のダイヤルです。
　電話番号：0120－0－78310（フリーダイヤル）
　　　　　　　　　　なやみいおう
　受付時間：24時間受付（年中無休）※通話料無料

○子どもの人権110番（法務省）

「いじめ」や虐待など子どもの人権問題に関する専用相談電話です。

電話番号：0120－007－110
受付時間：平日8:30～17:15　※通話料無料
土・日・祝日・年末年始は休み

○まもろうよこころ（厚生労働省）

🌐 https://www.mhlw.go.jp/mamorouyokokoro/

○若ナビα（東京都若者総合相談センター）

🌐 https://www.wakanavi-tokyo.metro.tokyo.lg.jp/

○チャイルドライン

🌐 https://childline.or.jp/

周りの大人にできること

🧭 さまざまな社会制度・支援制度を知る

ヤングケアラーは、家庭内で大人ですら抱えきれないような問題が生じているために、子どもが何らかのケアを担い、家族を支えるという役割を担っています。

親自身が精神的な問題を含んだ病気を抱えていたり、兄弟姉妹にケアが必要だったり、経済的な問題を抱えていることもあるでしょう。

いくらヤングケアラーが、必死にその中でケアを担ったとしても、子どもの力で解決できないことが、沢山あるはずです。それらを解決できる糸口が見つからない限り、ヤングケアラーは先の見えない毎日を過ごし、未来に希望が持てないまま、大人になっていくのではないでしょうか。

家族に介護が必要な時、医療的な介入が必要な時、経済的支援が必要な時など、必要に応じた支援が受けられるように、情報を伝えたり、時には支援を受けられるように援助したりなど直接的・間接的にまずは親を支えるという視点も大事ではないかと思います。

このような家庭は地域から孤立しがちで、必要な情報が伝わっていない、知識がない、ということが多いものです。そのためには、その家族の周りにいる人が、必要な社会資源や支援制度を知ることから始めるといいのではないでしょうか。

これもほんの一例ですが、さまざまな支援制度について紹介します。

〇子どもの養育に関して支援が必要な時
地域の実情に応じた子ども・子育て支援が行われています。
基本的に、市区町村が相談窓口になっているので、市役所、区役所の窓口にて相談ができます。

内閣府のHPより　子ども・子育て支援新制度
🌐 https://www8.cao.go.jp/shoushi/shinseido/index.html

○家族に介護が必要になった時の相談窓口

「市区町村」か「地域包括支援センター」が窓口になっています。「地域包括支援センター」は、市町村が設置主体となり、保健師・社会福祉士・主任介護支援専門員等を配置して、3職種のチームアプローチにより、住民の健康の保持及び生活の安定のために必要な援助を行うことにより、その保健医療の向上及び福祉の増進を包括的に支援することを目的とする施設である。(介護保険法第115条の46第1項) とされています。

介護サービス情報公表システム（厚生労働省）
🌐 https://www.kaigokensaku.mhlw.go.jp/

○生活に困窮している場合(生活保護)

生活保護の相談・申請窓口は、お住まいの地域を所管する福祉事務所の生活保護担当。福祉事務所は、市（区）部では市（区）が、町村部では都道府県が設置しています。

生活保護は、最低生活の保障と自立の助長を図ることを目的として、その困窮の程度に応じ、必要な保護を行う制度です。

必要な時に、制度が使えるように知っておきたいものです。

🌐 https://www.mhlw.go.jp/stf/seisakunitsuite/bunya/hukushi_
kaigo/seikatsuhogo/index.html

　特に進学に関しては、経済的な理由で、進学を諦めることがないように、経済的な理由で、未来につながる経験を失うことがないように、このような情報も知って、伝えてあげてほしいと思います。

○進路についての相談
　学費が払えないなど経済的な理由で進学を諦めることがないように、就学支援の仕組みも知っておきたいところです。家庭の事情などから進路を諦めることのないように安心して学べる環境が整いつつあります。
　授業料の免除、減額、給付型奨学金などもあります。

厚生労働省のHPより
🌐 https://www.mhlw.go.jp/content/000573346.pdf

私達大人も、どのような支援があるのかを知ることが大事です。

宝の箱は
お散歩圏内に

安らげる居場所、
困った時に逃げ込める居場所が
ひとつでも多くできますように

宝の箱はお散歩圏内に

　家庭の中で、子どもらしく過ごせていないヤングケアラーには、家庭以外に安心、安全な場所を見つけて、そこで少しでも自分の心や体が解放できるような時間を過ごしてほしい。

　自由になるお金もなく、時間にも制約があり、行動範囲も狭い子どもは、無料（もしくは安価）でアクセスもよい場所でしか活動することができない。徒歩圏内に、安心して過ごせる場所が見つかったり、そこで心や体を解放して、自分が自分でいられる時間を作れたりすると、そんな場所や時間が心の栄養となって、生きていく支えになるのではないかと思う。

　学校でもいい、公園でもいい、友達の家でもいい。居場所があることは、家族の中で奮闘している彼らが、誰かとつながれるきっかけにもなるし、心の健康を保つために大切である。地域にそんな子ども達がほっと安らげる場所、困った時に逃げ込める場所が、ひとつでも多くできることを願って。

旅人の日常①

 母親は土日も休みなく仕事をして
いたし、生活するのが精一杯、経済
的にも困窮していたので、家族で旅行に行ったり、テーマパー
クに出かけたり、親子参加のイベントに一緒に参加したりする
ことはできませんでした。

友達が家族旅行に行ったとか、海外に行ったとかという話を
聞くと少し羨ましかったけれど、羨ましいと思っていても仕方
ないので、それはよその家族のこと、自分の家は自分の家、と
考えるようにしていました。

旅人のエピソード

 学校から帰ると、近所の友達と、
近くの公園や神社で、泥団子作りを
したり、鬼ごっこをしたり、かくれんぼをしたり、ぶらんこで
遊んだりして、そんな何気ない時間がとても楽しかったです。例
えテーマパークに行かなくても、公園や神社で過ごす時間は何
よりの娯楽だったように思います。

小学校では、PTA役員さんや担任の先生が主催してくれるイベ
ントで、週末にピクニックなどに行くこともありました。クラ
スメイトと自由に走り回ったり、笑い転げたりできる時間は心
も体も開放されてパワーをもらう時間だったように思います。

旅人の日常②

　小さい頃から音楽が好きだったので、中学になったら吹奏楽部に入りたいと漠然と思っていたのですが、楽器がとても高価だと知り、お金がかかるからとても無理だと思い、本当は入りたかった吹奏楽部への入部は断念。したいことを諦めることはこれまでにもあったので、仕方がないことだと思っていました。

旅人のエピソード

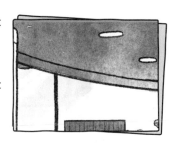

　音楽に関わることはしたかったので、体ひとつで参加できる、お金のかからない合唱部に入ることに決め、小学校の高学年の時に入部しました。そこから高校卒業までずっと合唱部に所属して、結果的に長く音楽に関わることになりました。

　「したいこと」ではなく「できること」を選ぶことにはなりましたが、それでも何かに打ち込むことで沢山の仲間ができました。合唱では、みんなでひとつの音楽を作り上げる喜びを知りました。大会では悔しいことも嬉しいこともありました。コツコツ練習して何かを積み上げるという経験も、仲間と協働して何かを成し遂げる経験もできました。

旅人の日常

いつも祖母と母が喧嘩をしていて、家の中は険悪ムード。喧嘩が始まると、私は毎回仲介役に入っていました。家の中には、心落ち着く空間はありませんでした。

どこか逃げ場があった、とか誰かに救われた、と感じる経験は思いつきません。でも、日常生活を送っていて、気付かないうちに、沢山の何気ない優しさに救われたのかもしれません。

旅人のエピソード

自分の居場所は、古本屋での立ち読みでした。数々の漫画にものすごく救われ、生かされた気がします。だから今は漫画を描くのが好きで、漫画の中で自分の想いを表現することが、自分の居場所となっています。

旅人のエピソード

もし、当時、家と学校以外の居場所があったら、そこに避難したかったなと思います。

当時は、行けるとしたら、親が共働きで家にいない友人宅や、

お金のかからない図書館や公園しかなく、よくそこに行っていました。中学生まではアルバイトもできないし、お金がないから、行動範囲も限られていて、必死でお金がかからない場所を探していました。

　高校生になるとカラオケボックスやアルバイト先、漫画喫茶は、安くて長居できる場所としてよく利用していました。

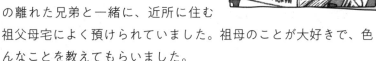

旅人の日常

　　両親は共働きだったので、私と年の離れた兄弟と一緒に、近所に住む祖父母宅によく預けられていました。祖母のことが大好きで、色んなことを教えてもらいました。

旅人のエピソード

　　3歳からバレエを習っていたのですが、幼馴染でもあるバレエの仲間や先生は、子どものことに無関心な親よりも頼れたし、甘えられました。

　家にいれば弟達の世話もあり、お姉ちゃんとして振舞わなければなりませんでしたが、友達と対等に過ごせるバレエの時間は、自分の心の居場所になっていたと思います。バレエと出会えてよかったなと思います。

旅人のエピソード

　　今でも1番の思い出の場所があります。近所に丘があって、細い道を通り、丘の裏の方に周ると、そこに小さなスペースがありました。そのスペースからは海に沈む大きな夕日が見えて、そんな自然の中に1人でいるといろいろなことが何でもないと思えるくらい気持ちが落ち着く場所でした。

旅人のエピソード

　　母は洋裁ができる人で、得意な洋裁を活かした内職をしていました。刺繍糸やフエルト、ハギレなど手芸材料が家にあったため、私も家にあるもので人形の服を作ったりして遊びました。

　　田舎に住んでいたので、庭の葉っぱやお花を使っておままごとをしたり、そういった経験が自分の子育てに役立ったかな、と思います。何でも買って調達するのではなく、自分で作ることは、子ども達にも受け継がれていると感じます。

旅人の日常

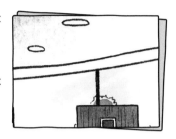

　弟は言葉の訓練学校に通っていましたが、学校からそのまま訓練学校に行くことになっていたので、放課後になると私が弟のクラスに行き、弟のランドセルを家に持って帰っていました。

　家に帰っても母親も弟もいないので、私は独りぼっちのことが多かったです。

旅人のエピソード

　ご近所同士のつながりがとてもある地域で、地域活動を母がしていたこともあり、お隣も仲が良い人だったので、何かあるとご近所さんの家に遊びに行かせてもらったり、泊めてもらったりしていて、あまり寂しいと感じた記憶がありません。

　母も、母自身が小さい頃はいつも友達が泊まりに来ていたり、地域で助け合い、共同生活をしていたそうです。当時を思い出しても、子育て中は地域の見守りの目があると安心して子育てができるし、地域とのつながり作りが大切だなと、自分が親になって改めて思います。

― お散歩圏内に居場所が必要な理由 ―

　ヤングケアラーの場合、家庭環境によって行動や経験を制限されることも沢山あるかもしれません。ただ、何気ない日常の中で、出会える人や出会った出来事から、その人の居場所になれるような何かが見つかる可能性もあり、そうであってほしいなと願います。

　私自身は、何事も「上を見たらきりがない、下を見てもきりがない」と教わってきました。人と自分を比べないということは、心の平穏を保つのに大切なことだとも感じます。決して今与えられた環境で我慢する、ということではないけれど、今与えられた環境の中でも、見渡してみれば、案外身近なところに素敵な空間や宝物になりえる時間が見つかったりするかもしれません。

　例えば義務教育は、誰にでも平等に門戸が開かれているという意味で、とても大事な場所だと思います。学校という場所で、誰でも平等に参加できる部活やクラブ活動があることで、どんな子ども達にも平等に機会が与えられ、そこで友達との出会いがあったり、未来につながる経験ができることもあります。

　子どもは自分自身で自由になるお金も少なく、お金のかかる場所には遊びに行けないし、行動範囲もとても狭いので、徒歩圏内でしか活動することができません。

　学校以外では徒歩圏内に、地域に、そんな子ども達がほっと安らげる場所、困った時に逃げ込める場所が、ひとつでも多くできるといいなと思っています。

　今、地域に広がっている子ども食堂など、無料（もしくは安価）で利用でき、歩いて行けて誰かとふれ合えるような温かい居場所は本当に大切な場所です。

　信頼のおける大人や気の合う友達とコミュニケーションが取れて、時には勉強を教えてくれる大人が近くにいてくれるような、そんな場所が沢山あると救われる子どもは沢山いるのではないかと思います。

家族の機能不全とその影響

～ヤングケアラーを生む家族が陥っている機能不全と、そのことが
ヤングケアラーに与える影響には、次のようなものがあります～

機能不全・影響㉘ 経験の欠如

お金のかかることや、大人が一緒でないとできないことは、経験でき
にくい。特技や好きなことなどを見つける場合の選択肢も狭まる。子ど
もは、多様な価値観に触れ、沢山の経験をすることで世界が広がるので、
経験の欠如は子どもの未来の可能性を狭めてしまう。

機能不全・影響㉙ 期待に応えようとする

家族が困りごとを抱えているのがわかっているので、自分がそれ以上
の困りごとを家族に持ち込まないように、親の期待にそうように、親の
機嫌を損ねないように我慢する傾向がある。

機能不全・影響㉚-2 意欲の低下

家庭環境で、我慢することやできないことが多いため、したいことよ
り、できること、できる範囲でのことをするしかない状況になると、モ
チベーションも上がらない。やりたいことを見つけられない、やる気が
ないという状態に陥る。

旅のガイド

🧭 あるものに目を向ける

　ヤングケアラーは、家庭内に複雑な問題を抱えていて、したいことができない、親に頼れない、お金がないなどないない尽しの環境にある場合が多いかもしれないと思います。

　しかし、残念ながら、「ない」という現状は簡単に変えられないこともあり、あれがない、これがない、と諦めていても前には進めません。ないないと思って生きるのは苦しくなる一方だな、と思っています。

　ないない尽しかもしれませんが、それでも目の前にあるもの、自分が持っているもの、自分が知っていること、自分の周りにいる人に目を向けてみると、実はとても大事なものを持っていたり、大事なことを知っていたり、その中でも工夫すればできることがあるかもしれません。

　私は中学時代、お金がない、塾にいけない、勉強ができないと、ないない尽くしの時に、でも、紙と鉛筆がある！学校がある！先生がいる！と発想を転換し、学校が塾代わりになったことで救われました。

　我慢する、現状で折り合いをつける、というとマイナスのイメージになるかもしれませんが、まずは今ある、周りにあるものに目を向けることを意識すると、未来に進んでいくために必要な何かに、出会える可能性は十分あるのではないかな、と思います。

　30代後半で助産師を目指し、再び大学に入学しました。大学では19歳も年の離れた同窓生と一緒に学んでいました。
記憶力の低下は著しく、周りの学生が1～2回読めば覚えられることが、私は4回も5回も繰り返さないと覚えられなくてとても焦って

いました。

テスト期間中になると、放課後「これからファミレスで勉強しよう」という声が聞こえてきましたが、私には食事の準備や子どもの寝かしつけもあり、勉強時間の確保に苦労しました。時間がない、記憶力がない。考えれば考えるほど、ないない尽しで落ち込むこともありました。

しかし、ここで、ないない、と思っていては前に進めません。私が持っているのは、長い会社員時代に培った、計画性。そして何かを成し遂げる時の集中力。持っているものはあるじゃないか！あるものに目を向けようと。そこで集中力が発揮できるように、夜は早く寝て、まだ夜が明ける前に起きて勉強をするようにしました。夜中は静かで意外と集中できるものでした。

ないものではなく、あるものに目を向ける。発想の転換をするだけで、気持ちも上向きになり、道がひらけることもあります。

母に「襤褸は着てても心は錦」と言われたことがあります。

貧乏で同じ洋服ばかりきていることをクラスメイトに馬鹿にされ、悔しくもあり、つらい気持ちになったのですが、母から「人を見た目で判断したり、着ているもので馬鹿にしたりするような人間ではなく、人の痛みがわかる、心優しい人になりたいね」という意味で、この言葉を投げかけられました。「人を差別しない優しい心を持つ人でありたい」そんな言葉が、自分の生き方のバイブルになっています。

苦しい時、思い通りにならない時、自分の置かれた環境を悲しんでばかりではもったいない。現状は変えられないかもしれないけど、捉え方を変えるだけで、心の持ちようも変えられるのではないかと思います。

周りの大人にできること

🧭 子どもの周りに「経験」という宝の箱を作る

ヤングケアラーに限らず、子ども達がさまざまな学習機会に恵まれることは、子どもの育ちには大切なことですが、お金のかかることや保護者同伴でしか参加できないようなイベントに、ヤングケアラーが自ら参加することは難しいことも多いと思います。

家庭環境に関わらず、誰しもがみんな平等に、参加したい時に参加できる学習機会があることはとても大切なことで、まずは学校に通えて、学校で沢山の学びや経験ができることはもちろん、学校やそれ以外でも、例えば映画や観劇など、普段の生活で触れることのない文化に触れるチャンスがあることは、子どもの可能性を伸ばすため、未来のためにとても大きな意味があることだと思います。

そのような学外での学びの場として、川崎市では、教育委員会事務局生涯学習部地域教育推進課による「地域の寺子屋事業」が市内の小中学校で実施されています。

> 🌐 https://www.city.kawasaki.jp/880/category/10-14-0-0-0-0-0-0-0-0.html

事業のねらいとしては以下のようなものがあります。

- 子ども達に、さまざまな学習機会を提供することにより、学ぶ意欲の向上や豊かな人間性の形成を図る。
- 地域ぐるみで子どもの教育、学習をサポートする仕組みづくりにより、地域の教育力向上を図る。

> ・シニア世代をはじめとする地域人材の知識と経験を活かして、
> 多世代で学ぶ生涯学習の拠点をつくる。

　子ども達が、少しでもそのような機会を得られることを目指して、私も、この地域の寺子屋事業の運営を担っています。これは川崎市の例ではありますが、子ども達の未来のためにそのような機会の場づくりを、担ってくれる大人が1人でも増えるといいなと願っています。その他にも、各学校でPTA主催の体験学習、読み聞かせ、地域での子ども会の取り組み、昔遊びなどが開催されたり、夏休みのイベントとして市政便りなどに体験活動が掲載されることも多くあります。市区町村にある公民館や生涯学習センターではプログラミング教室や料理教室なども開催されることがあります。

　家族ではない誰かとつながって、さまざまな価値観や経験に触れることは、子ども達が将来の選択肢を増やしていくことにもなり、とても大事なことだと思います。

　また、このような情報は子どもには伝わりにくいことが多いので、学校と連携するなどしながら、子どもにどうしたら情報が伝えられるのかも同時に考えていくことが必要です。

🧭 子どもの周りに「居場所」という宝の箱を作る

　家庭内に安心・安全に過ごせる場を持たない子どもにとって、安心して自分のことを話せる場所、安全に過ごせる場所、が必要だと考えています。

　そんな居場所はいくつあってもいいですし、沢山ある居場所の中から、ここなら安心できる、ここはちょっと嫌だな、と子ども達が自分に合う居場所を自分の意志で選べることが大事なことだと思います。

　子どもの頃は、なかなか自分の気持ちや体験を言語化することが難しく、誰かと気持ちを共有する、わかり合う、ということが難しいかもしれません。まずは安心できる場所があれば、そこで何か特別なことをしな

くても何気なく時間を過ごしながら、その日その日を頑張れるということ
はあると思います。

　こども家庭庁が行っている「こどもの居場所づくりに関する調査研究
報告書」（令和5年3月）では、こども・若者の居場所に関する理念や視点、
求められる要素（概要）として

①こども・若者が安心して休息できること、安らげること
②こども・若者がありのままの自分でいられること、受容されること
③こども・若者が自分の気持ちや意見を表現できること
④こども・若者が自己肯定感を抱けること
⑤こども・若者が自分の役割を感じられること、自己有用感を抱け
　ること
⑥こども・若者が自分の存在を認識できる、生きているという感覚
　を抱けること
⑦人と人との関係性が開かれていくこと
⑧自分さがしの学びが生まれること
⑨いつでもある、戻れる場所であること（年齢により途切れること
　がない）
⑩こども・若者が主体であること
⑪いつでも自由に1人で行けること
⑫過ごし方を選べること
⑬こども・若者の味方である大人がいること

（第2章 3.2 図表9）

とあります。

　私は、小学校時代、担任の先生が放課後に家に呼んでくれて、勉強を
教えてくれたりおやつを出してくれたり、週末になるとクラスメイトと
遊びに連れて行ってくれたりした思い出があります。

そこは、まさに、自分が自分らしく過ごすことができた場でした。

中学3年生で部活を引退後は、家に帰っても居場所がなく、家に帰りたくない私を黙って受け入れて、部活引退後も、部活に居残りさせてくれた先生もいました。

何もしなくてもいい、ありのままでいい居場所を、学校や部活に作ってもらえたことに救われて、生き伸びてこれた気がします。

家庭以外で、子ども達が安心して足を運べる居場所。それは学校なのか、部活なのか、地域の居場所なのか。子ども達が選び取れるようにするためには、やはり多様な居場所が沢山ある方がいい。それぞれの地域で、居場所作りを始める大人が増えるといいなと思います。

そしてそんな居場所があることを、必要とする子ども達に届けるにはどうしたら良いのかも、悩みながら一緒に考えていける仲間が全国に増えることを願っています。

居場所作りプロジェクト あゆみ YELL

　子ども達が、たとえどんな環境に生まれたとしても心身共に健康で幸せに生きていける社会を目指して「あゆみ YELL」という任意団体を作りました。
　助産師、保健師、看護師、教員、介護福祉士、保育士、幼稚園教諭、セラピスト、エンジニア、フリーランス、会社員など熱い想いを持つ、職業も職場もさまざまな人が仲間です。団体の活動のひとつ、ティーンの居場所として、「つながるカフェ」を立ち上げ、2023年3月から運用を始めています。
　地域の大学生も、ボランティアで大勢協力してくれています。

つながるカフェ presented by あゆみYELL
🌐 https://www.instagram.com/tsunagarucafe.ayumi/

　勉強してもいい
　誰かと話をしにきてもいい
　何か相談をしにきてもいい
　イベントに参加したり、ボードゲームをしたりしにきてもいい
　なんにもしなくていい
　そんな選択を自由にできる場になることを、目指しています。

運命が
レモンをくれるなら

思い切って飛び出そう
あなたの人生は誰のものでもない、
あなた自身のもの

運命がレモンをくれるなら

　子ども時代は経済的に自立することが難しく、家族から離れることもできないし、与えられた環境の中で生きていくしかないと思うかもしれません。そしてそれが「自分の運命だ」と、諦めてしまうこともあるかもしれません。

　しかし、大人になり、経済的に自立することができれば、または自立を目指そうと思えば、物理的に家族から離れるということも不可能ではなくなります。

　家族のケアを自分がしなくてはならないという心理的な呪縛から逃れることは難しいかもしれませんが、課題を抱えているのは家族であり、そのことは家族の誰か特定の人だけが抱えることでもありません。誰か特定の人の犠牲の上で成り立っている状態では、いつか必ず限界が来てしまいます。

　周りの力を借りながら、背負っているものを少しずつ手放して、思い切って外に世界を作ることができたら、新しい道が開ける可能性があります。

　自分の人生を他人は代わりに歩いてくれないし、あなたの人生は、あなたのものなのですから、思い切って外の世界に飛び出すことを考えてみませんか？

旅人の日常

　結婚してからも、実家の親のことは、経済的に支えてきました。自分の親のことなので、夫には迷惑をかけられないと思っていたので、実家を支えるためにも、自分自身が経済的基盤を持ち続ける必要があり、仕事は絶対に辞められないと思っていました。

　また、母親は、夫婦喧嘩をする度に、うちに逃げてくることもあり、母親が泊まりにきている時は、酔っ払った父親が夜中に追いかけてきて大騒ぎをするのではないか？　そのことでご近所に迷惑をかけるのではないかと、安心して眠れない日もありました。

旅人のエピソード

　ある日、救急隊から突然、電話が入りました。

　父親が救急車で運ばれたという連絡でした。

　私は急いで救急病院に向かいましたが、懸命な処置も虚しく、そのまま、父親は帰らぬ人となりました。死亡原因は事故でした。

　父親がアルコール依存症だったことで、苦しい経験をしたことも沢山ありましたが、やはり、肉親の死はとても悲しかったです。そして、人の命はこんな風にいつなくなるかわからないのだから、限りある命、後悔のないように生きなくては、と心の底から思いました。

　突然亡くなった父親のこの死を無駄にしたくないとも思ったの

です。

　実は数年前から「助産師になりたい」という新たな夢を持っていました。助産師になるには看護の学校に通う必要があり、会社も辞めることになるのですが、実家を経済的に支えていたつもりでいたので、経済的基盤を失うことはできない、会社を辞めることはできない、進学は無理だと諦めていたのです。

　しかし、父親の死をきっかけに、生きているうちにしかできないことをしたいと助産師を目指すことを決め、これまで働いてきた会社を辞めました。

　その後、看護大学に入学し、無事に助産師の資格を取りました。今は、助産師として第二の人生を謳歌しています。

　スタートは遅かったのですが、自分のやりたいと思った夢に向かって、思い切って挑戦してよかったと思います。

　　ちなみに……

　看護大学で勉強する中で、アルコール依存症は病気であり、意志の問題ではなく、自分の力だけではどうしようもないこと、適切な治療につなげることが大事であることを学びました。

　父親も自分ではどうにもできなくて苦しんでいたのかもしれない。父親が生きている間に、適切な治療につなげることができていたらと家族として何もできなかったことに後悔がない訳ではありません。

　アルコール依存症は病気であり、治療が必要であること、渦中にいる時には、自ら必要な支援につながるのは難しいこと、家族や本人の抱える苦しさ、元当事者の一人として、そんなことを伝えていくことも使命のひとつであると思っています。

旅人の日常

父親は機嫌を損ねるとすぐに暴力をふるうような人だったので、そんな実家をずっと離れたいと思っていました。しかし、母親のことは好きだったので、母親を置いて自分だけ家を離れることに躊躇もありました。

旅人のエピソード

しかし、高校卒業後、思い切って実家を離れるために、全寮制の看護学校に入ることにしました。全寮制なのでいろいろな生徒がいますし、中にはとても意地悪をする先輩もいたのですが、実家でもまれていた私は、痛くも痒くもなかったことは言うまでもありません。

　看護学校は楽しくて、指定病院で働けば学費が無料になる学校に行ったことで、運よく希望の病院に勤務が決まりました。一緒に働いていた方達にも恵まれました。何よりも家の中で自由が利かず自分の気持ちも否定され続けていた父親と離れ、多少辛いことがあっても自由に生きることができる世界を知り、幸せだったと思います。20代は仕事を通じ、次々と学びたいことや、やりたいことが見つかり、挑戦するということを繰り返していました。

旅人の日常

 　幼い頃から親の機嫌を損ねないように、親の言う通りにしてきた自分がいます。中学も高校も、親の勧めで選んだのですが、大学ですら勝手に親の都合で決められていました。

　受験案内も親がかき集めてきて、「ここがいいんじゃない？」「ここを受けなさい」と言ってきて、「自分で選んだ大学に行きたい」と伝えると、「これまで払った受験料や私達の苦労を無駄にするのか？ それでもいいなら勝手にすれば」と言われてしまいました。

　実際にお金を払ってくれているのは両親なので、やはり親に逆らうことができず、親が勧める大学に進学しました。

　大学では沢山の友達ができ、色んな経験もできましたが、自分で決めた大学ではなかったこともあり勉強に身が入らず、無駄な時間を過ごしたなという思いもあります。

旅人のエピソード

 　自分の人生なのに自分で歩いていないという気持ちはずっとありました。

　大学卒業後、就職で親元を離れてから、やっと落ち着いて自分は本当は何がしたかったのかを見つめなおすことができました。今は幼少期から持っていた夢に向かって勉強を始めています。

旅人の日常

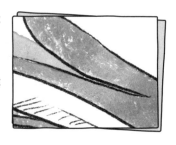

　家の中では、私がみんなのクッション材になっていました。

　母親や祖母の愚痴を聞いたり、喧嘩の仲裁に入ったりしていました。そんな役割をずっとしていて、とても苦しかったし、家を離れたいと思っていたけれど、そこから逃げ出すことは、母親や祖母を捨てるような気がして、なかなか踏ん切りがつきませんでした。

旅人のエピソード

　このままではいけないと思って、あえて県外の企業の採用試験を受けて、「実家を離れる」ことを決めました。

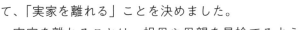

　実家を離れることは、祖母や母親を見捨てるような気がして、とても罪悪感がありましたが、その時に思っていたことは、「もう自分のために生きたい」というそれだけでした。

　家を離れた結果、今は、幸せに生きています。

旅人の日常

　父が亡くなってから、母は私のことを心の支えにしていたようです。
　海外に留学したいという気持ちがあったのですが、私が家を出ることを母がとにかく寂しがっていたので、留学したいという本音をいえず、夢を諦めていました。

旅人のエピソード

　大人になっていくにつれ、次第に、自分の人生も一度しかないんだと思えるようになりました。
　このまま自分がしたいことをしないまま大人になっていいのか？ そう思い、短期留学を決めました。
　母も最初は反対していましたが、最終的には「あの時、ママの反対で行けなかったからと後悔してほしくないから、留学させる覚悟を決めた」というようなことを言っていました。
　その短期留学では出会いや学びが沢山あり、一度は諦めていた留学でしたが、やっぱり思い切って行って良かったと思っています。

あなたの人生を大切にしてほしい理由

　長い間、家族の中でケアの担い手になっているヤングケアラーは、自分がこの家族の問題を何とかしなければいけない、と役割意識や責任感が強くなる。

　また、家族からも依存されてしまっているので、その役割を遂行することが自分の使命だという潜在意識から抜け出すことはとても難しい。

　しかし、課題を抱えているのは家族の問題であり、誰か特定の人だけが抱えることでもない。一人一人に人生があるのだから、自分自身のために、その環境から離れてみる、飛び出してみる、ということは何も悪くないし、誰にも遠慮はいらないのではないだろうか。

　物理的に家を出たり、自分自身が好きなことに没頭したりすると、家族を見放した、とか、見捨てた、と感じてしまったり、時には家族からそんな風に責められることもある。しかし、自分の人生をどう生きるかは、その人生の主役であるあなたが決めて良いこと。人生は一度きりなのだから、少しでも後悔がないように生きてほしいと思う。

　周りの期待や責任とは関係なく、とにかく自分自身のこと、自分の未来だけを考えるということができるようになったとき、その人の人生はとても豊かなものになるのではないだろうか。

家族の機能不全とその影響

~ヤングケアラーを生む家族が陥っている機能不全と、そのことが
ヤングケアラーに与える影響には、次のようなものがあります~

機能不全・影響 ⓱-2 **自分時間がない**

　常に、誰かの世話をすること、誰かのことを考えることが当たり前に
なってしまっているので、自分自身のことに気持ちや時間を割くという
習慣がない。自分自身がやりたいことをするのは後回しで時間の使い方
ひとつとっても優先順位は自分以外のところにある。

機能不全・影響 ㉓-2 **共依存**

　家族の中でケアを担ってくれる子ども、調整役になってくれる子ども
がいることで、親がその子どもに依存をしてしまう。子どもも頼られる
ことが自分自身の存在意義になることもあり、依存されていることを負
担に感じたとしても、そこから逃れられない状態に陥る。共依存は精神
的に健康な状態ではなく、共依存関係から抜け出すことは、なかなか難
しい。

旅のガイド

🧭 自分のやりたいことを大切にする

　家族に頼られ、それが自分の役割だと感じている人にとっては、家族と距離をとる、家族と離れるということは至難の業かもしれません。

　家族と共依存（相手に必要とされることを自己評価のよりどころとして、その関係に依存する状態）となっているような場合も多く、そんな共依存関係から抜け出すためには、物理的に、家族と距離を置くしかないとも言われています。

　家を離れるということは、家族を見放してしまうようでもあり、自分だけ自由になるようでもあり、心苦しいと感じることもあると思います。

　また、時には、家族からそのように責められることもあるかもしれません。

　本来、家族の問題を誰か特定の人だけが抱えるのは、家族全体として健康な状態ではなく、自分がサポートできないところは、社会資源などや他の力を借りていくことで、負担を軽くすることもできるかもしれません。

　「自分でなくては」「自分がいなくては」、そんな風に家庭に囚われると、自分の未来はいつまでも描けません。進学や就職、転勤などのきっかけで今の環境から飛び出してみること。新しい環境、新しい価値観にふれることも、大切なこと。そこでの出会いが、あなたやあなたの家族の助けになることだってあるかもしれないのです。

　家族と少し離れて、自分のことに目を向けられるようになった人はみんな、離れてよかったと口々にいいます。その一歩を踏み出すことができるのは自分自身に他ならないし、自分の人生を他人は代わりに歩いてくれないのです。

どんな人生になったとしても、自分の人生は自分のものですし自分の人生をどう生きていくのかどうありたいと思っているのか。自分の気持ちをまずは大切にしてほしいです。そうすることは、決して、悪いことではないのです。

自分の未来を、家族に遠慮せず堂々と描いてほしいし、自分の人生で大切にしたいことを、堂々と追いかけてほしいと思います。一度きりの人生、あなたは、どんな明日を迎えたいですか？

周りの大人にできること

経験談を語る、夢を語る

私達大人も、これまでの人生で、うまくいかないこと、苦しいこと、つまずいたことは沢山あり、困難を乗り越えてきて今があります。
そのような困難な状況を乗り越える時、つらいことから逃れる時、誰かに救われたという経験はないでしょうか？

人は一人では生きていけないし、社会の一員として生きているわけで、意識的にも無意識にも、誰かを助け、助けられながら生きています。しかし、子どもは家庭という狭い空間を中心に生活をしていて、社会経験も少ないので、そのことを感じられる機会が少ないかもしれません。
大人の私達が、困った時にはこうやって誰かの助けを借りて生きてきた、苦しい時、誰かとの出会いで救われた、つらい時、こんな方法で切り抜けてきた、そんな経験談を話しながら
つらい時は誰かに頼ってもいいんだよ
大人の私達だって、失敗することだってあるんだよ
大人の私達だって、誰かの助けが必要になることはあるんだよ

そんなメッセージを子ども達に伝えることも、子ども達にとって、大事な経験になるのではないでしょうか。

　私は、中学2年生を対象に、命の授業をさせていただくことがあります。そこで「思春期の頃、死にたくなるほど悩んでいた」という自分の過去を話すことがあります。
　「とても幸せそうに笑顔で話していた大庭さんにも、そんな過去があったということを知り、勇気づけられた」とか「楽しそうに見えていたから、人を見た目で判断してはいけないと思った」とか「自分も死にたいと思ったことがあるけど、この苦しさがずっと続くわけじゃないと思えたから生きようと思った」という声が届きます。

　また、「長年勤めた会社を辞めるのには勇気が必要だったけど、キャリアチェンジして、新しい世界に飛び込んでよかった」という経験について話すと、「いくつになっても夢を持つことはできる、と励まされました」といった感想をいただくことも多くあります。

　大人だって困ることがあり、困っている時は人に助けてもらって生きていること、失敗したことも、成功したことも、大人の私達が経験したことが子ども達の道しるべになったり、子ども達を勇気づけるものになったり、未来を描くためのヒントになったりするかもしれません。経験談を話すことは、子ども達にとって、大人や社会が身近に感じられるきっかけになるかもしれません。

　こうすべき、こうあるべき、という決めつけではなく、こういう人生もあるよ、こういう方法もあるよ、と選択肢を伝えてあげること、人は助け合いながら生きているし、困った時はお互いさまだよ、その点で子どもも大人も同じなんだよと教えてあげること。そんな温かなメッセージは、きっと子ども達の未来に役立つものになります。
　それとよく子ども達に「夢を持ってほしい」と大人達は思うけれど、

私達大人は夢を持って生きているだろうか。自分達の理想を押しつけていないだろうかと振り返ってみてほしいです。私達大人も夢を語れるような生き方をしたいし、夢を語れるような社会を作って行きたいです。

　どんな環境に生まれたとしても、子ども達が心身共に健康で幸せに生きていける社会を作ること。
　子どもが子どもでいられる社会を作ること。

　そのための、アプローチの仕方は沢山あるかもしれません。そして、そんな社会を作っていくためには、大人の私達の力が必要です。子ども達の未来のために大人の私達にできることが、まだまだ沢山あると思ったら、ちょっとワクワクもしませんか?

　まずは小さなことでも自分にできることから、目の前のことから。ちょっとした声掛け、挨拶ひとつをとっても子ども達の未来につながる何か、になるかもしれません。子どもが子どもでいられる社会を作るために、一緒に手を取り合っていける仲間が増えていくことを願って……。

参考図書

澁谷智子 「ヤングケアラー ―介護を担う子ども・若者の現実」（中公新書）

澁谷智子 「ヤングケアラー わたしの語り―子どもや若者が経験した家族のケア・介護」（生活書院）

濱島淑恵 「子ども介護者 ヤングケアラーの現実と社会の壁」（角川新書）

森恵美ほか 「系統看護学講座 専門分野 母性看護学各論 母性看護学2」（医学書院）

柳下 換ほか 「居場所づくりにいま必要なこと―子ども・若者の生きづらさに寄り添う」（明石書店）

毎日新聞取材班 「ヤングケアラー 介護する子どもたち」（毎日新聞出版）

村上晴彦 「ヤングケアラーとは誰か 家族を"気づかう"子どもたちの孤立」（朝日新聞出版）

池田書店編集部 「人生を動かす賢者の名言」（池田書店）

おわりに

　最後までお読みいただきありがとうございました。

　本書の内容は、私自身と、今回インタビューをさせてい
ただいた９人の方の経験をもとにまとめたものです。すべ
ての方にあてはまる訳ではありませんが、聞かせていただ
いた貴重な経験談から、ヤングケアラーが抱える苦悩をお
伝えすることができたなら嬉しく思います。

　しかし、「はじめに」にも書きましたが、ヤングケアラー
かヤングケアラーではないか、どこからがヤングケアラー
でどこからはヤングケアラーではない、などと人を分類す
ることは、意味のないことだと思っています。社会の中で
生きていく上では、お互いの違いを知り、それぞれが抱え
る苦悩や生きづらさを理解しあい、補いあい支えあってい
くことが大切だからです。

情けは人のためならず

私はこの言葉を、いつも心の中に置いています。

本書をお読みいただく中で、お読みいただいたあなたに何か思い当たる箇所があるとすれば、そのことが今の生きづらさにつながっていることもあるかもしれません。まずは自分自身を知ることから。そして、その状況から抜け出せるヒントが少しでも得られるといいな、と思います。あなたにとっての未来が描けるようになることを願います。

最後になりましたが、インタビューにお答えいただいた皆様、監修していただきました加藤雅江先生、イラストレーターのマコカワイ氏、風鳴舎の青田恵氏、平川麻希氏、BUCH⁺の横山慎昌氏、推薦文を書いてくださった結城康博先生、あゆみ YELL の仲間に、心より感謝いたします。ありがとうございました。

大庭 美代子

著者　**大庭 美代子**（おおば　みよこ）

熊本大学教育学部および熊本大学医学部保健学科卒。助産師、保健師、看護師、思春期保健相談士、小学校教諭一種、幼稚園教諭二種。認定 NPO 法人ピッコラーレ非常勤。クリニックでの育児相談業務や育児講座・性教育講演会などの講演多数。母子支援活動家としての活動は多岐に渡る。任意団体あゆみ YELL 代表。新たに10代の居場所作りにも取り組みさらに活動の幅を広げている。

監修者　**加藤 雅江**（かとう　まさえ）

杏林大学保健学部健康福祉学科教授。1967年東京都生まれ。1990年上智大学文学部社会福祉学科卒業、同年より杏林大学医学部付属病院医療福祉相談室にソーシャルワーカーとして入職。2020年より現職。2016年 NPO 法人居場所作りプロジェクトだんだん・ばぁを立ち上げ、子ども食堂などの活動に取り組んでいる。同法人理事長。社会福祉法人子どもの虐待防止センター評議員、日本子ども虐待医学会代議員、NPO 法人子ども・若者センターこだま副理事長。精神保健福祉士。

装丁：渡邊民人（TYPE FACE）
本文デザイン：谷関笑子（TYPE FACE）
イラスト・漫画：マコカワイ
DTP：BUCH⁺
販売促進：黒岩靖基、恒川芳久、吉岡なみ子、星野智子
校正：平川麻希

ヤングケアラーの歩き方
家族グレーゾーンの世界を理解する本

2023年7月23日　初版 第1刷発行

著　者　　大庭 美代子
発行者　　青田 恵
発行所　　株式会社風鳴舎
　　　　　〒170-0005 豊島区南大塚2-38-1 MID POINT 6F
　　　　　（電話03-5963-5266/FAX03-5963-5267）

印刷・製本　モリモト印刷株式会社